校企合作系列教材

RPA电商基础

主　编　章卫芳　朱才彬

副主编　韩　雪　钟一杰　刘　涛　楚万文

上海交通大学出版社
SHANGHAI JIAO TONG UNIVERSITY PRESS

内容提要

    本书详细阐述了 RPA 的基本概念、技术原理及其在电商行业的应用,还结合大量实际案例,系统介绍了 RPA 电商机器人的设计、开发过程与部署全过程,帮助电商相关专业学生了解和掌握 RPA 技术在电商领域的应用。

图书在版编目(CIP)数据

RPA 电商基础/章卫芳,朱才彬主编. 一上海:上海交通大学出版社,2025.3. —ISBN 978-7-313-32008-7

Ⅰ. F713.36

中国国家版本馆 CIP 数据核字第 202459CA09 号

RPA 电商基础
RPA DIANSHANG JICHU

主　　编:	章卫芳　朱才彬		
出版发行:	上海交通大学出版社	地　　址:	上海市番禺路 951 号
邮政编码:	200030	电　　话:	021-64071208
印　　制:	上海万卷印刷股份有限公司	经　　销:	全国新华书店
开　　本:	787mm×1092mm　1/16	印　　张:	15.5
字　　数:	347 千字		
版　　次:	2025 年 3 月第 1 版	印　　次:	2025 年 3 月第 1 次印刷
书　　号:	ISBN 978-7-313-32008-7		
定　　价:	68.00 元		

前　言

随着计算机硬件性能的不断提升,网络基础设施的日益完善,人们对利用信息技术高效完成工业业务和生活活动的需求逐渐增长。当下,互联网技术应用日渐普及并日臻进步,大数据技术、人工智能等新技术的发展为技术变革带来新的催生力量,在此背景下,机器人流程自动化(Robotic Process Automation)技术应用日趋成熟。RPA 是一种软件自动化工具,能够按照人类编码自动完成任务,轻松应对生活或工作中机械的、低价值的、高重复、大批量的日常事务,节约人力时间和劳力资源,极大地提高企业自动化和数字化水平。

RPA 在电商领域有着广泛和深入的应用。通过人机协同的方式,电商企业可以精准地预测用户需求,优化供应链管理,提升用户体验和满意度。同时,随着 RPA 技术的不断成熟和普及,其成本也将进一步降低,为更多电商企业带来实惠和便利。

在电商专业人才的培养过程中,一方面技术能力作为专业内生特色,是不能舍弃的重要部分,另一方面,电商专业强调商务活动的运营,不适宜过分强调技术原理。RPA 电商机器人的出现,为电商专业育人提供了很好的工具,通过流程化编程,实现了对业务经营与技术技能两方面的学习,有助于学生更好地学习、理解电商行业的特色和内涵。

本教材的目标是推进 RPA 应用人才培养、促进电商专业育人发展。教材整体包含 3 篇,9 个章节。第 1 篇为 RPA 概述,第 2 篇介绍了 RPA 与常用办公工具的结合使用,第 3 篇介绍了 RPA 在电商行业的应用实例,从基础铺设到基础应用,再到业务处理,层层进阶。其中,第 1 篇包括 RPA 概述、Uibot 基本使用与语法讲解两个章节,介绍了 RPA 的基本应用场景和使用环境,为后续学习做了整体铺垫;第 2 篇包括 Web 应用自动化、Excel 操作自动化、数据表操作自动化,介绍了 RPA 与一般办公工具的结合使用,有助于学生了解 RPA 在一般业务中的应用;第 3 篇包括采购分析、流量数据分析、客户分析以及商品详情备份机器人 4 个章节,介绍了 RPA 在电商业务中的典型应用实例。

本教材整体结构紧凑，内容实用，贴近高职学生的学习规律和"RPA＋电商应用"的学习需求，是学习 RPA 基本应用的实用教材，是电商专业学生及从业人员提升业务效率的有利工具。本教材是校企双方密切合作的结晶，在教材编写过程中，上海泓江信息科技有限公司提供了相关素材。

目　　录

第3篇　RPA 应用实例

第 1 篇

RPA 基础介绍

第1章

RPA 机器人概述

面对外在环境、竞争形势、客户需求等多方面不确定性的挑战,数字化转型已成为所有行业、各类企业的必由之路。机器人流程自动化(Robotic Process Automation, RPA)作为数字化转型的代表性技术,目前已在银行、证券、保险、能源、零售等多个领域得到了较好的应用,成为企业数字化转型的重要劳动力。本章节将介绍机器人流程自动化的定义、起源与发展、功能与特点、应用领域与主流工具。

1.1　RPA 的定义

在过去的一段时间里,对于 RPA 是什么,各类研究机构、公司根据其特征及价值给出了不同的定义。

电气与电子工程师协会(IEEE)2017 年发布的《智能处理自动化术语和概念指引》认为,RPA 通过软件技术来预定业务规则以及活动编排过程,利用一个或多个互不相连的软件系统协作完成一组流程活动、交易和任务,同时需要人工对异常情况进行一些管理来保证最后的交付结果与服务。

高德纳(Gartner)2021 年发布的年度报告《机器人流程自动化魔力象限》认为,RPA 整合了用户界面识别和工作流执行的能力,它能够模仿人工操作电脑的过程,利用模拟鼠标和键盘来驱动和执行应用系统。有时候它被设计成应用与应用之间的自动化处理。

麦肯锡(McKinsey)发布的《2022 全球 AI 调查和 5 年回顾》认为,RPA 是一种可以在流程中模拟人类操作的软件,能够比人类更快捷、精准、不知疲倦地完成替代性、重复性工作,使人们投入到其他工作中来。

阿里云发布的《中国 RPA 市场洞察与优秀实践案例解读》认为,RPA 是一款新型工作流程自动化办公机器人软件,通过模拟人工操作实现自动处理流程。它可以将办公人员从每日的重复工作中解放出来,提高生产效率。具体而言,阿里云 RPA 是基于智能机器人和人工智能的新型办公业务流程自动化产品。

来也科技发布的《来也科技数字化劳动力平台总体经济影响白皮书》认为,RPA 是一种软件或平台,根据预先设定的程序,通过模拟并增强人类与计算机的交互过程,执行基于一定规则的大批量、可重复性任务,实现工作流程中的自动化。

综合以上观点,理解 RPA 需要把握三个要点:第一,RPA 是一种软件技术,而非实体机器人。RPA 技术综合应用多种信息技术,如屏幕抓取、业务流程自动化、可视化编程、人工智能技术等,模拟与增强人机交互,实现自动化计算、数据存储和业务操作。第二,RPA 技术是一种基于明确规则,模拟人类去完成重复性工作的技术。RPA 按照人类预定的规则与操作过程模拟人类与计算机的交互,执行工作任务,完成工作流程,尤其适合那些大批量、单一、烦琐的重复性工作。第三,RPA 是一种数字劳动力,它与人类员工协同完成工作,形成人机协同新生态。RPA 将人类从高强度的、简单的重复性工作中解放出来,从而让人有更多的时间与精力从事更具智慧性的工作,有利于降低人工操作风险、提升企业运作效率、提高员工的工作满意度。本书认为,RPA 是一种软件自动化技术。它利用和融合屏幕抓取、业务流程自动化、可视化编程、人工智能等多种信息技术,按照事先规定的流程,模拟人类与计算机的交互,协助人类完成大批量简单、烦琐的重复性工作任务,实现工作流程自动化以及人机高效协同。

1.2 RPA 的起源与发展

RPA 是随着计算机技术和人工智能的进步而逐渐成熟的。它的核心思想是利用软件机器人来模拟人类用户的操作,以实现重复性高、规则性强的业务流程的自动化。

1.2.1 RPA 的起源

用工具代替人类工作一直是人类追求的目标之一。RPA 作为一种基于计算机的机器人流程自动化技术,它的诞生并不是一蹴而就的,我们可以从机器人技术与计算机技术的发展中寻找其起源。

个人电脑和企业信息化的大规模普及、办公软件的广泛使用、计算机硬件性能大幅提升和成本的快速降低为 RPA 这一基于计算机的自动化技术的诞生奠定了经济与技术基础。目前,全球发达经济体里 95% 以上的机构和企业的日常办公已完成数字化改造,摆脱了原有的依赖纸质文档撰写和传递的方式,为 RPA 的实施创造了基础条件。Windows7 及以上版本的操作系统、Office 系列办公软件、Adobe PDF 及 Google Chrome、IE、Firefox 浏览器等办公软件拥有良好的底层接口和标准化的文档格式,为 RPA 通过调用和操纵鼠标、键盘来模仿人类的操作行为提供了可能。计算机硬件性能的大幅提升为可视化编程的实现提供了硬件环境支撑,计算机硬件成本的快速降低则在经济上促进了自动化技术在企业的落地。除了以上技术外,对 RPA 的诞生具有直接影响的计算机技术包括批处理与宏、业务流程自动化、屏幕抓取、可视化编程。

1. 批处理与宏

在 DOS 和 Windows 操作系统中,为方便流程的执行,批处理脚本(Batch Script)技术应运而生。批处理脚本是一系列命令按一定的顺序集合而成的可执行的文本文件,后缀名为".bat",它可以一次批量执行大量的命令,避免了反复输入命令的烦琐。批处理脚本通常用于执行定时开关系统、自动化运维、日志处理、文档的定时复制、文件的移动或删除等固定动作。批处理脚本采用手动或按计划执行任务的机制,可提供按日期、日历、周期等多种触发规则。但是批处理脚本构造简单,缺乏处理复杂任务的能力,同时,纯代码的开发方式门槛高,多由 IT 人员进行。

VBA(Visual Basic for Applications)是基于微软的软件开发平台 Visual Basic 开发的一种宏语言,主要用于扩展 Windows 的应用程序功能,尤其是微软 Office 软件的功能。1994 年,微软发行的 Excel5.0 版本首次应用了 VBA。所谓宏,就是组织到一起作为独立的命令使用的一系列命令,它能使日常工作变得更容易。与批处理脚本相比,VBA 应用可视化图形编程界面与面向对象的程序开发思路,开发效率大幅度提高,其所开发的流程也比传统的批处理要复杂得多。Office 2000 之后的版本在宏编程方面提供了一个跨时代的创新功能,即"宏录制"。该功能将手工操作的过程逐一记录下来,变成一条条可执行的脚本,然后自动重复运行,而无需专业的 IT 人员进行编程,降低了宏脚本的编写门槛。同理,Adobe 的 Photoshop 系列产品提供了动作录制功能,用户可将图片处理动作录制下来,用于图片的批量编辑处理。

2. 业务流程自动化

20 世纪 70 年代,广大企业开始积极引进信息技术,推动管理系统的应用与普及,企业管理自动化由此兴起。但是,由于长期以来,企业普遍采用垂直管理的模式,强大而臃肿的职能部门只对自身的业务与运营结果负责,部门之间缺少有效的沟通与协作,导致企业运营效率降低。20 世纪 90 年代,知名管理学大师迈克尔·哈默(Michael Hammer)和詹姆斯·钱皮(James Champy)在其成名作《公司再造》(*Re-engineering the Corporation*)中首次提出了业务流程管理(Business Process Management, BPM)的概念,引发了欧美企业的广泛关注。BPM 将业务流程视为企业的运行核心,强调通过分析、建模和持续优化业务流程来解决业务难题,帮助企业实现财务目标。同时,BPM 与企业的办公自动化系统(OA)、管理信息系统(MIS)、企业资源计划(ERP)等系统密切协同,用信息技术推动企业业务流程的再造,实现企业活动与服务的自动化,即企业的业务流程自动化(Business Process Automation, BPA)。业务流程自动化的实施可以帮助管理者更好地了解工作流中每个步骤的执行情况,并及时进行控制与调整;有利于加快流程速度,减少人为错误;有利于减少人类的重复性工作,让人类有时间和精力来着重解决更需要智慧的问题。

3. 屏幕抓取

屏幕抓取(Screen Scraping)是从一个应用程序收集屏幕显示数据,并将其在另一个应用程序中显示的过程。屏幕抓取与传统的截屏技术不同,截屏技术将电脑图片转为一张图片,而屏幕抓取更关注屏幕中的数据。从技术实现的方式来看,屏幕抓取技术一般分为依据对象句柄元素抓取、依据网页标签抓取、依据图像抓取、利用 OCR 识别、依据坐标位置抓取等;从抓取的信息来看,一般包括抓取本地客户端程序的界面信息、抓取浏览器页面信息、抓取远程桌面中的界面信息等。屏幕抓取技术常常用于数据采集、新旧系统的数据迁移等。

4. 可视化编程

可视化编程,即可视化程序设计,以"所见即所得"的编程思想为原则,力图实现编程工作的可视化,即随时可以看到结果,实现程序与结果的调整同步。与传统的编程相比,可视化编程让程序设计人员利用软件本身所提供的各种控件,像搭积木一样构造应用程序,无需编写太多的代码甚至不需要懂太多的语法知识和 API 就可以实现一些功能。可视化编程降低了编程的门槛,让非 IT 专业人士可以方便地进行编程工作。

1.2.2　RPA 的发展

RPA 经历了从简单的自动化工具到复杂的虚拟劳动力的演变,这一过程伴随着技术的不断进步和市场需求的增长。

1. RPA 的诞生与蓬勃发展

2001 年,国内出现了一款模拟鼠标键盘动作的软件——按键精灵,这个软件通过制作脚本,让按键精灵代替双手,自动执行一系列鼠标键盘动作。按键精灵简单易用,用户不需要任何编程知识就可以做出强大的脚本,因此该软件一经面市,就深得游戏玩家的厚爱。大量玩家用这个软件升级刷怪,用各种脚本进行常规的自动化操作。后来有人发现,这个软件也可以用于日常办公,由此,按键精灵也成了个人办公自动化的常用软件之一。按键精灵由屏幕抓取与业务流程自动化技术开发而成,具有可视化编程界面,可以被看作 RPA 软件的初始形态,它的某些简便功能(如拖、拉、拽等)也影响了亚洲甚至欧美后期 RPA 软件的设计思路。

20 世纪 90 年代开始,全球 500 强企业为了进一步降低经营成本,集中资源发挥自己的核心优势,更好地满足客户需求,增强市场竞争力,纷纷采用了业务外包的经营策略,使得业务外包行业蓬勃发展。但是,随着协调成本、劳动力成本以及流程错误成本的提高,基于廉价劳动的业务外包渐渐不受待见,领先的公司逐步将目标瞄准了自动化技术。业务外包企业大量引进流程自动化技术,RPA 横空出世。21 世纪初,出现了几个主营 RPA 的公司:Blue Prism、Automation Anywhere、UiPath。2012 年,Blue Rrism 公司的市场总监帕特·吉尔里先生(Pat Geary)第一次提出 RPA 的概念。但是,作为一项新兴技术,RPA 并未得到广泛重视。2017 年,RPA 技术在海外爆发,全球有 45 家企业提供 RPA 软件,有超过 29 家大型的咨询公司或 IT 服务公司提供 RPA 相关的咨询和实施服务。

2011 年,全国首家提供 RPA 产品的专业厂商上海艺赛旗成立,并推出了 RPA 产品 IS-RPA。阿里云 RPA 的前身蚂栈在淘宝诞生,主要帮助阿里巴巴集团实现运营和服务售后等的自动化。2015 年,按键精灵的创始人发起成立了奥森科技,并同步推出了 RPA 平台 UiBot。四大会计师事务所(普华永道、德勤、安永、毕马威)在中国区推进 RPA 的应用,RPA 工具逐渐被国内金融机构所接受。2018 年,中国 RPA 元年。国内出现了一大批 RPA 厂商,金融科技厂商、AI 厂商也纷纷转型进军 RPA 行业,更多企业开始认知并接纳 RPA 带来的价值,并逐步将 RPA 技术平台纳入战略布局,应用端需求勃发。

2. RPA 的进化

著名信息调查机构 Everest Group 发布了一份关于 RPA 变革的报告,该报告对 RPA 的框架定义和发展阶段性进行了划分。该报告将 RPA 的进化分为 4 个阶段(如图 1-1 所示),其中 1.0 阶段为虚拟助手,2.0~4.0 阶段为虚拟劳动力,说明 1.0 到 2.0 是一个非常大飞跃,从 2.0 开始,RPA 才可以被称为虚拟劳动力,具有代替人的可能。

1) RPA1.0 阶段:辅助性 RPA(Assisted RPA)

该阶段的 RPA 几乎涵盖了机器人自动化的主要功能,以及现有桌面自动化软件的全部操作。其可以部署在员工 PC 机上,用于提高工作效率。缺点是难以实现端到端的自动

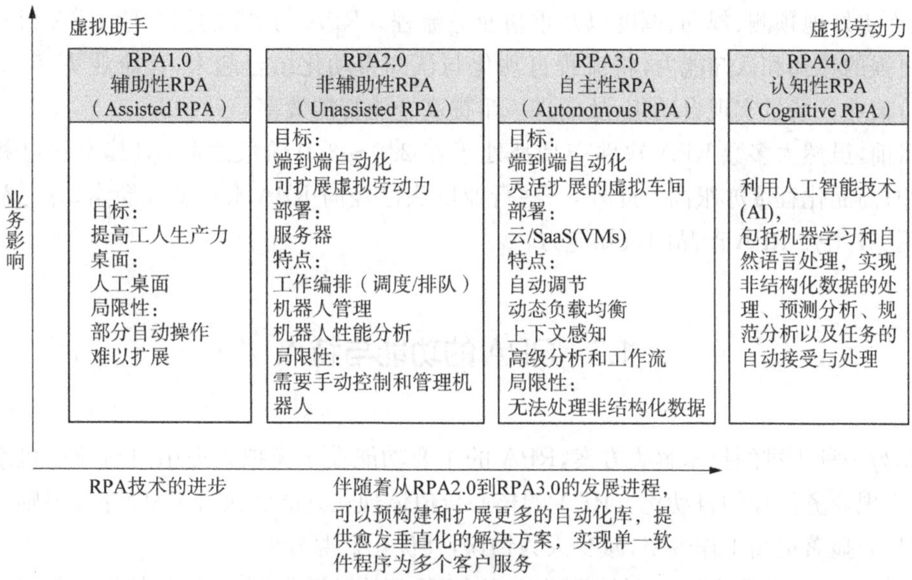

图 1-1 表内容：

RPA1.0 辅助性RPA （Assisted RPA）	RPA2.0 非辅助性RPA （Unassisted RPA）	RPA3.0 自主性RPA （Autonomous RPA）	RPA4.0 认知性RPA （Cognitive RPA）
目标： 提高工人生产力 桌面： 人工桌面 局限性： 部分自动操作 难以扩展	目标： 端到端自动化 可扩展虚拟劳动力 部署： 服务器 特点： 工作编排（调度/排队） 机器人管理 机器人性能分析 局限性： 需要手动控制和管理机器人	目标： 端到端自动化 灵活扩展的虚拟车间 部署： 云/SaaS(VMs) 特点： 自动调节 动态负载均衡 上下文感知 高级分析和工作流 局限性： 无法处理非结构化数据	利用人工智能技术（AI），包括机器学习和自然语言处理，实现非结构化数据的处理、预测分析、规范分析以及任务的自动接受与处理

虚拟助手　……　虚拟劳动力

业务影响

RPA技术的进步　……　伴随着从RPA2.0到RPA3.0的发展进程，可以预构建和扩展更多的自动化库，提供愈发垂直化的解决方案，实现单一软件程序为多个客户服务

图 1-1　RPA 进化发展的 4 个阶段

化，做不到成规模应用。不过辅助 RPA 已能够有效减少业务平均处理时间，提高工作效率，改善客户体验并节省成本。

2）RPA2.0 阶段：非辅助性 RPA(Unassisted RPA)

该阶段的主要目标为实现端到端的自动化，以及虚拟员工分级。其主要部署在 VMS 虚拟机上，能够编排工作内容，集中化管理机器人、分析机器人的表现等。缺点是仍然需要人工的控制和管理。非辅助性 RPA 机器人可以全天候工作，并用业务流程代替人机交互，为实现降本增效创造了更多的可能性。

3）RPA3.0 阶段：自主性 RPA(Autonomous RPA)

该阶段的主要目标是实现端到端的自动化、成规模、灵活可扩展、多功能的虚拟劳动力。其通常部署在云服务器和 SaaS 上，特点是实现自动调节、动态负载平衡、情景感知、高级分析和工作流。缺点是处理非结构化数据仍较为困难。但更多技术的融合使得自主性 RPA 可从根本上提升业务价值并为用户带来更多优势。

4）RPA4.0 阶段：认知性 RPA(Cognitive RPA)

该阶段是 RPA 未来发展的方向。RPA 开始运用人工智能、机器学习以及自然语言处理等技术，以实现非结构化数据的处理、预测性与规范性分析、涉及判断的自动任务处理等功能。借助认知性 RPA，机器人可执行全部决策过程，自动处理漫长而复杂的任务。在 RPA4.0 阶段，AI 与 RPA 的关系就如同人类大脑与手的关系。AI 与思考、学习有关；RPA 与行动、执行有关。RPA 与 AI，两者各司其职、密不可分。RPA 以流程为中心，它将简单的工作自动化，并为 AI 提供大数据。AI 以数据为中心，通过计算机视觉、语音识别、自然语言理解增强 RPA 的认知能力，使 RPA 能更好地阅读、理解人类的语言，并与人类进行语言交流；通过统计分析、大数据分析、机器学习、深度学习、知识图谱等技术使 RPA 能像人类一样"思考、学习、决策"，提高 RPA 的自主学习能力以及对复杂业务场景的适应性,从而更好地预测、规划、调度以及重塑业务流程。RPA 与 AI 的结合使 RPA 机器人具备了更强的感知和认知能力,将流程自动化与认知自动化结合起来,让企业更多、更复杂的高价值业务场景实现自动化,从而进一步提高企业智能效率。

目前,虽然大多数 RPA 软件产品都处于 2.0～3.0 阶段之间,但其发展已相当成熟,同时商品化程度亦很高。此外,一些行业巨头已经向 RPA 4.0 发起探索,并已初步具备应用 AI 增强 RPA 产品的认知能力。

1.3 RPA 的功能与特点

作为一种先进的技术解决方案,RPA 的主要功能在于模拟人类用户与计算机系统的交互,实现业务流程的自动化。RPA 的核心价值体现在其能够执行重复性高、规则性强的任务,从而显著提高工作效率,减少人为错误,并优化资源分配。

此外,RPA 部署灵活,能够在不改变现有 IT 架构的前提下,通过外挂形式集成到企业的各种业务系统中,实现数据的自动迁移和跨系统的数据传输。易用性也是 RPA 的一个显著特点,它采用可视化编程技术,使得非技术背景的用户也能轻松创建和维护自动化流程,降低了企业采用自动化技术的门槛。这些特性使 RPA 在现代企业自动化中具有重要地位。

1.3.1 RPA 的功能

RPA 的基本功能是记录员工在计算机桌面上的操作行为,如键盘录入、鼠标移动和单击、触发调用 Windows 系统桌面操作(如文件夹和文件操作等),以及触发调用各类应用程序,如收发 Outlook、Word/Excel 操作、网页操作、打印文档、录音或录屏、打开摄像头、远程登录服务器、SQL Server 客户端操作、Lync 客户端发送信息、SAP 客户端操作、业务应用客户端操作、在 ERP 系统上的操作等,再将这些操作行为抽象化为编程计算机能够理解和处理的对象,最后按照约定的规则在计算机上自动执行这些对象。

基于以上基本功能,结合具体业务场景,RPA 这一数字劳动力可以完成以下工作任务。

(1) 执行大量重复的任务:如自动操作键盘、自动操作鼠标、自动启动或关闭各类应用程序、自动输入用户名和密码、自动访问各个应用系统等。

(2) 图像识别与处理:依托 OCR 技术对图像进行识别,提取图像中的有用字段信息并输出可结构化处理的数据,从而进一步对数据进行审查与分析,输出对管理、决策有用的信息。

(3) 数据检索与记录:如自动访问网站,根据关键字段进行数据检索,提取并存储相关信息;自动识别纸质文件信息或电子文件信息,模拟人工将数据自动输入对应系统,并对原始文档进行归档。

(4) 数据上传与下载:如自动登录多个异构系统,上传指定数据、文件至特定系统或系统模块,或下载指定数据、文件,并按照预设路径规则进行存储。

(5) 数据加工与分析:如数据检查、数据筛选、数据计算、数据整理、数据校验等。RPA 对可获取数据的准确性、完备性进行自动化检查,识别异常数据并做出预警;可按照预先设置的筛选规则自动筛选数据,完成或推进数据预处理工作,锁定进一步加工处理的数据范围;可按照明确规则自动进行数据计算,从而获得满足个性化管理需求的数据;可对提取的结构化数据和非结构化数据进行转化和整理,并按照标准模板输出文件,实现从数据收集到数据整理与输出的全流程自动化;可根据预先设置的数据映射关系,对数据进行对比与交叉验证,对数据错误进行分析和识别。

(6) 数据迁移与"虚拟"系统集成:RPA可自动进行数据迁移和跨多个系统的数据传输,而且这种数据迁移完全模拟人的操作进行,以外挂的形式部署,无需改变系统数据基础结构,也无需开发数据接口,就可实现异构系统或新旧系统之间的数据传输。

(7) 信息监控与产出:RPA模拟人类判断,推进工作流程的执行,如信息监控、工作流分配、标准报告出具、基于明确规则的决策、自动信息通知等。RPA可模仿人随时或定时浏览网页或应用程序页面,检查是否有预先设置应收的信息到达;可按照预设的工作流程进行工作流分配和交接处理,实现工作流程和批复的自动推进;可将从内外部获得的信息按照标准的报告模板和数据、文字要求进行整理,通过自然语言处理输出报告;可基于明确的规则,通过自动化指令触发,进行分析、预测和决策;可自动生成信息通知指令,进行信息发送。

1.3.2　RPA的特点

与传统的企业自动化的工具相比,RPA具有以下特点:

(1) 由机器模拟人与计算机的交互过程。RPA根据预先设定的程序,模拟人与计算机交互的过程,实现工作流程的自动化。

(2) 基于明确的规则,由机器代替人类完成重复的机械性工作。

(3) 以外挂的形式部署。RPA在用户界面操作,不影响企业原有的IT结构。

(4) 无需复杂的编程知识。RPA采用可视化编程技术,用户只要按步骤创建流程图,就能用RPA自动执行业务,大大降低了非IT技术人员的学习门槛。

1.4　RPA的应用

RPA的应用领域广泛,涉及多个行业和业务流程。它通过自动化重复性高、规则性强的任务,显著提高了工作效率,降低了人工成本,并减少了人为错误。RPA技术特别适用于那些数据量大、易出错、耗时或对操作速度有要求的业务场景,以及内部系统多、数据流转困难的场景。RPA的应用价值不仅体现在提升组织运作效率和降低成本,还体现在降低操作风险、灵活对接各类业务系统,以及提升员工的工作满意度等方面。随着RPA技术的不断发展和行业渗透率的提高,预计将有更多行业和领域从RPA的应用中受益。

1.4.1　RPA的应用领域

RPA应用领域广泛。只要有公司、有运营,就会有流程需要处理和优化,从研发到生产,从销售到服务,从人事到财务,流程无处不在。面对各行各业重复、复杂、耗时、易出错的流程,前台、后台以及新旧系统的连接等一系列问题,RPA 都会给出解决方案。

从行业来看,RPA 在银行、保险、证券、制造、零售、电力、能源、电信、医疗、政府、物流、地产、教育等行业都有着广泛的应用前景。但是,目前看来,RPA 尚处于发展早期,行业的整体渗透率不高,即使是应用最为广泛的金融行业,渗透率最高预计在 5%~10%。未来,劳动力密集、标准化程度高、IT 系统发展较为完善的行业或将成为 RPA 发展的沃土。

从应用领域来看,财务领域率先引入 RPA 技术,它也是目前 RPA 应用最为广泛的领域;RPA 还应用在客户服务中心、采购、人力资源、IT 服务等领域中。图 1-2 列举了各领域典型的应用场景。

RPA 适合的场景通常具备以下特点:

(1) 结构化、可重复性的业务。RPA 主要代替人工进行重复性的机械操作,它适用于规则明确、逻辑性强,很少需要决策判断的任务与流程。RPA 目前还不适用于创造性强、流程变化频繁的办公场景。

(2) 量大且易出错的业务。这类业务通常会占用员工大量的工作时间,阻碍了员工创造更大的价值。同时,人工操作不免会发生错误,一旦发生错误,查错又需大量时间。这类业务交由 RPA 完成,有利于节省人力,防止人工错误。

(3) 耗时或对操作速度有要求的业务。人和机器最大的差别是,人有自主意识,而机器没有。面对耗时久、需要快速完成的工作时,人免不了受情绪的影响。RPA 则可以弥补人工操作容忍度低、峰值处理能力差的缺点,例如代替人工完成夜间值守的工作,或者需要及时交付给客户的工作等。

(4) 内部系统多,数据流转难的场景。组织内部业务系统较多,但各个系统之间数据不能直接流转,员工往往不得不进行跨平台、跨系统的操作。RPA 是一种外挂式平台,在不更改原有 IT 系统的情况下,即可实现业务的操作。

1.4.2 RPA 的应用价值

从组织的角度来看,RPA 的应用价值主要表现在以下几个方面:

1. 大幅提升组织运作效率,降低人工成本

一些原先靠人工完成的简单重复性操作,可通过 RPA 技术实现自动化,从而大幅度提升效率,有效节约成本。按每周 5 天每天 8 小时的平均工作时间计算,人类员工每周工作 40 小时;而 RPA 机器人可以 24 小时不间断连续工作,每周工作 168 小时,是人类的4.2 倍。机器人在进行简单的重复性工作时效率远高于人类,且不会因为工作时间延长而出现疲劳与准确率下降的问题,综合效率预计可达到人类的 5~10 倍。再从成本来看,一台 RPA 软件机器人目前的授权费和综合部署成本大约为 4 万~6 万/年,约为普通白领工资的 1/3,对企业来说,性价比是非常高的。

2. 降低人工操作风险与数据安全风险

研究表明,人类保持注意力集中的时间是有限的,工作效率往往会在连续工作 1~2小时之后因疲倦等原因下降,再加上外界干扰和心情等因素的影响,往往很容易产生误操作和误判,给组织带来巨大的风险。机器人不会疲倦、不会受主观情感因素的影响,工作

财务领域	客服领域	采购领域
应付账款流程： RPA可以帮助会计人员将PDF中的入库发票信息录入ERP系统，并记录到电子表格，用于报告 **成本分摊流程：** 将各种渠道和方式提交的成本分配数据合并到主文件中，无需人工手动合并 **发票内控流程：** 自动核对当前周期和上一周期的数据信息，并反馈需要人工处理的例外情况 **月末结账流程：** 自动将各业务部门收到的电子税务表录入ERP系统 **对账流程：** 发生意外情况时，将ERP系统、EXCEL表格和发票数据进行自动化比对 **差旅报销：** 员工提交差费用信息时，辅助收集相关信息，统一发送给财务经理审批 **税务申报：** 识别、认证、匹配发票，实现销项发票的集中自动生成，增值税纳税表的编制、复核、申报	**收集和管理客户数据：** 自动收集、整理客户信息，并自动维护、查询客户数据 **知识库查询和推荐：** 自动进入客服人员知识库（包含业务知识、营销活动、资费信息等数据）系统，按照客户需求获取知识库的相关信息 **自动创建摘要信息：** 自动收集和分析来自电话的数据，自动生成摘要脚本，提高单位时间呼叫量 **积压业务处理：** 对没有来得及接听的客户电话，自动生成特呼叫邀请客户清单，由员工或外呼系统第二天再拨打电话 **收集客户的投诉和建议：** 自动收集和整理客户以文本方式（邮作、网站留言等）发送的投诉与反馈，并及时发送给对应客服人员处理	**采购合同管理：** 自动从ERP系统、邮件、网页、扫描的文档中提取各类数据补充到合同信息管理系统中，并将合同内容与标准模版进行对比，指出非标准条款并向审阅者自动发送摘要 **采购协商：** 自动跟踪多家供应商的价格信息，从网络资源中获取定价目录 **供应商关系管理：** 自动跟踪合同进展情况，识别定价、服务协议的变更和可能的折扣，主动调整付款金额，提前告知供应商并解决相关争议；自动读取采购人员的电子邮件，突出需要关注的供应商信息 **新供应商登记流程：** 自动完成背景调查、供应商文件审查，跟进缺少的文件或信息 **应付账款流程：** 自动读取发票信息并检查，发现异常，自动中止支付流程

人力资源领域	IT服务领域
人员招聘信息发布： 自动帮助HR在众多招聘网站上发布和维护招聘信息 **人才筛选和候选人入围：** 依照定义的规则帮助HR收集和筛选简历，并进行验证，对所有相关的申请者进行比较，自动按比例邀请候选人，并根据定义的规则生成访谈、反馈和拒绝通知书 **录取通用书生成：** 根据不同数据库和法则查找数据，对不同维度的相关规则进行交叉检查，自动定制新员工的录用通知书与薪酬计划 **新员工入职：** 创建账户后，自动触发多个自定义入职流程，并完成待办事项清单中的联络人分配工作 **工资单发放：** 批量提取、导入和验证薪酬、福利、奖励和报销等数据 **员工数配管理：** 确保HR准确获取员工从入职开始的全部数据，记录与新员工的互动信息，并通过自动处理保持数据的一致性 **出勤与休假管理：** 交叉检查不同来源的出勤记录，在信息丢失或不一致时提供警报 **员工证明：** 依据员工申请，自动查找文档模版，并按照员工ID反馈相关信息，自动补全文档，反馈给员工 **离职管理：** 自动合并离职者信息、撤销系统访问权限、生成离职文档、回收公司资产等	**服务请求处理：** 依据各类规则实现对服务的过滤和分拣，响应能自动化处理的服务请求，将其他服务请求分配给相关人员，并及时反馈信息 **密码重置：** 通过与Chatbot的直接对话提出密码重置请求，调用RPA机器人完成密码重置的系统操作。系统中的配置和权限变更请求操作同理 **员工沟通：** 自动将员工满意度的调研邮件、沟通状态反馈邮件发送给员工 **资源分配与配置：** 基于云服务，按照云管理规则，结合对工作负载模式的深度预测和分析，判断和决定如何优化资源配置，对系统资源进行自动调控，同时降低资源分配不足与系统操作上可能存在的风险 **监控和问题修复：** 自动实现对系统的自动巡检、故障预测、异常侦测、异常警报、问题判断以及故障修复。对不能自动处理的流程，通过第三方通话软件，通知顾问进行干预；同时将问题的描述和系统截图通过邮件发送给顾问，方便顾问问及时了解 **软件版本分发：** 对于分布式结构系统，RPA可以自动依据规则下发软件新版本或程序补丁，并按照相关的脚本进行安装和配置

图 1 - 2　RPA 典型应用场景

效率不会降低,可以有效降低误操作的风险。与此同时,RPA 机器人自动执行业务流程,减少了人为因素的干预;此外,可通过控制器对 RPA 的执行全过程进行跟踪,并随时调阅,即时发现业务故障,安全可控的 RPA 机器人能够保障信息系统和企业数据的安全。

3. 灵活地打通和对接各类业务系统

在长期的信息化建设过程中,组织已经建立了客户关系管理(Customer Relationship Management,CRM)、企业资源计划(Enterprise Resource Planning,ERP)、办公自动化(Office Automation,OA)、管理信息系统(Management Information System,MIS)等各类信息系统,这些系统的打通与数据共享一直是困扰企业信息化工作的难题。传统开发各种接口或 SDK 的方式,成本高、周期长。RPA 为跨系统跨平台的数据与业务流程整合提供了一个新的思路。它以外挂的形式部署,模拟人类在不同系统中进行操作,使组织不需对原有系统做任何改动,便可实现跨平台的数据集成与自动化业务处理。

4. 有利于提升员工的工作满意度

RPA 的应用将员工从简单重复、低附加值工作中解放出来,使得他们有更多的时间与精力从事更具创造性、更有价值的工作,有利于提升员工的工作满意度。

1.4.3 RPA 的应用案例

RPA 在电商领域的应用展现了其在优化电商运营流程方面的潜力。通过模拟人类用户与计算机的交互,RPA 能够执行一系列重复性任务,这不仅提高了操作效率,减少了人为错误,还使得电商企业能够更加灵活地应对市场变化和消费者需求。以下是 RPA 在电商领域的几个关键应用案例。

1. 店铺数据采集与上传

利用 RPA 技术,电子商务机器人可以模拟人工操作,高效快速地采集店铺订单信息,包括订单号、日期、商品信息、买家 ID、订单状态、订单金额以及订单链接。最后自动把采集的信息数据写入 Excel 或平台中,实现实时值守办公,提高处理效率,节省人力成本。

2. 店铺运营数据处理

利用 RPA 技术,电子商务机器人可以从大量的、杂乱无章的、难以理解的运营数据中抽取出相对有价值、有意义的数据。对录入的数据进行分类合并、汇总分析,建立数据库,便于今后使用。

3. 店铺数据监控

店铺数据监控,可以理解为数据的采集及呈现。RPA 电子商务机器人可以利用数据分析工具收集、处理用户的可用数据,以及在业务线中产生的各种各样的数据,并使用可视化图表将数据呈现出来。数据监控主要是通过"数据指标"对数据的变化情况进行监督和控制,便于运营者及时了解店铺经营状况。

4. 文件上传与下载

在多平台运营中常常需要在不同系统间传递数据及文件信息。RPA 机器人可模拟人工操作,自动登录多个异构系统,将指定数据及文件信息上传至特定系统;也可从系统中下载指定数据及文件信息,并按预设路径进行存储,或是进一步根据规则上传平台或进行其他处理。

第2章

UiBot 基本使用与语法讲解

UiBot 是来也科技推出的一款针对公司和个人的工作流程自动化解决方案，包括开发工具 UiBot Creator、运行工具 UiBot Worker 和控制中心 UiBot Commander 三部分。其中，UiBot Creator 提供了机器人的开发、调试与运行功能，可以满足个人用户对于机器人流程自动化的基本需求。UiBot Worker、UiBot Commander 主要适用于企业的应用场景。本章主要讲解了 UiBot Creator 的基本使用方法和运算。

2.1 UiBot Creator 的基本使用

UiBot Creator 是一款强大的 RPA 工具，它提供可拖拽编辑的流程图，让整体流程清晰明了，易于业务人员学习理解。编辑窗口采用多标签页布局，可随心拖动、停靠、收展；内置企业级流程模板，可一键生成最佳实践框架。流程图中还可对异常处理进行编写和展现。它支持一键切换的可视化视图和源代码视图，可视化视图接近自然语言，可描述流程的具体功能。

2.1.1 流程图界面的使用

所谓流程，是指用 RPA 机器人来完成的一项任务。每项任务对应于一个流程，比如可以定义一个"向员工发送工资条邮件"的流程，来完成向员工发送工资条邮件的任务。

在 UiBot Creator 中，新建或打开一个流程即可进入流程图视图，如图 2-1 所示。流程图视图包括工具栏和菜单、流程图元件库、流程图编辑面板、属性设置窗格四部分。流程图元件库提供了五种组件，其中辅助流程和子流程实现了多流程的协作。用户可将流程图元件库中的组件拖到流程图编辑面板绘制流程图，并在属性设置窗格中设置每个流程图组件的属性。

新建流程图时，系统默认在流程图编辑面板中添加"流程开始"和"流程块"这两个组件，两个组件之间由一个箭头连接。"流程开始"，顾名思义，就是流程开始运行的地方，后续的各个组件沿着箭头方向，依次运行。在每个流程图中有且只能有一个"流程开始"组件。

"流程块"对应着流程的每个步骤。一个流程必须有一个或多个流程块。根据现实生活、工作经验，我们知道，完成某一项任务往往需要经历多个步骤。比如"向员工发送工资条邮件"这个任务可以划分为"登录企业邮箱""编辑邮件并发送"两个步骤。我们在流程

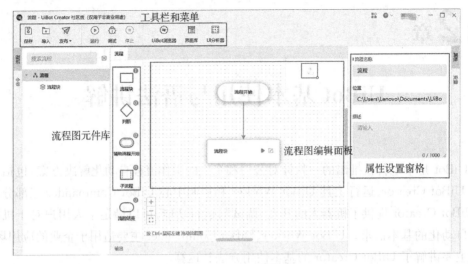

图 2-1 流程图界面

图中就可以用两个流程块分别对应这两个步骤。

但是,"编辑邮件并发送"这个步骤似乎仍可以进一步细化为"填写收件人邮箱""编辑邮件正文""单击发送按钮"等多个步骤。那么,流程的步骤划分究竟要详细到什么程度呢? 对此,UiBot 并没有统一的规定。一般而言,建议一个流程块对应于一个相对独立的步骤,一个流程中最好不要超过 20 个流程块。对于初学者,前期可以只使用一个代码块进行开发。

UiBot 设置流程图视图是为了便于业务人员与开发人员交流,流程图视图主要面向业务人员,大致描述了要做的事情,但不涉及如何去做的细节。流程块按钮的右上方有一个形状类似于纸和笔的"编辑器"按钮,单击该按钮,可以从流程图界面跳转到编辑器界面。流程块按钮上方还有一个形状为箭头的运行按钮。该运行按钮与工具栏中的"运行"按钮不同,工具栏的"运行"按钮执行全流程;而流程块上的"运行"按钮,只执行该流程块,如图 2-2。

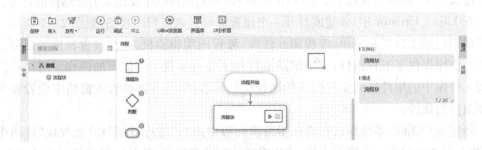

图 2-2 流程块的"编辑器"按钮与"运行"按钮

每个流程图中可以有一个或多个判断组件,也可以没有判断组件。在流程运行的过程中,判断组件将根据一定的条件,使后面的运行路径产生分叉。当条件为"真"时,沿着"是"箭头运行后续组件;否则,沿着"否"箭头运行后续组件。假设企业规定每月 25 日向员工发送工资条邮件,运用判断组件修改"向员工发送工资条邮件"流程图,如图 2-3 所

示。如果今天是 25 日,机器人自动登录企业邮箱,编辑邮件并发送;如果今天不是 25 日,
机器人输出提示"今天不是 25 日"。

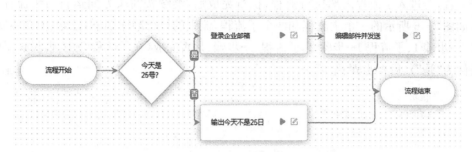

图 2-3　带日期判断的"向员工发送工资条邮件"流程图

　　每个流程图可以有一个或多个结束组件,流程运行一旦遇到结束组件,就自动停止运
行。流程图也可以没有结束组件,当流程运行到某个流程块,这个流程块又没有箭头指向
其他流程块时,流程就会停止运行。在流程图界面中,单击工具栏中的"运行"按钮,可运
行整个流程,如图 2-4 所示。

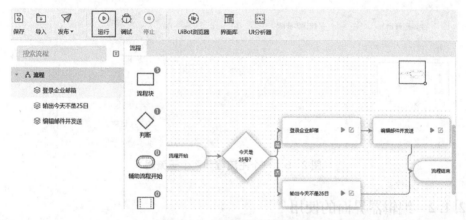

图 2-4　流程图"运行"按钮

　　从 UiBot Creator 5.1.0 开始,流程图元件库中增加了辅助流程。辅助流程是帮助主
流程完成某些任务的流程。一个流程图中可以有一个或多个辅助流程,当然也可以没有
辅助流程。在程序运行过程中,辅助流程和主流程会同时运行。主流程结束,辅助流程马
上会结束。辅助流程结束,主流程不一定结束,如图 2-5 所示。

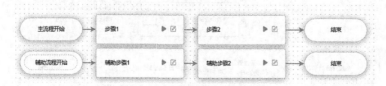

图 2-5　一个主流程和一个辅助流程

从 UiBot Creator 5.2 开始,流程图元件库中增加了子流程。子流程实现了流程的嵌套机制,一个流程中可以包括一个或多个子流程,也可以没有子流程。在流程运行时,遇到子流程,会进入子流程内部执行流程,执行完成后,继续按箭头方向运行后续流程。假设有如图 2-6 所示的一个主流程和两个子流程,流程的执行顺序如下:开始、前置步骤、子流程 1-步骤 1、子流程 1-步骤 2、子流程 2-步骤、是否完成(在子流程 2 中,假设这里的判断条件为"是")、后置步骤、结束。

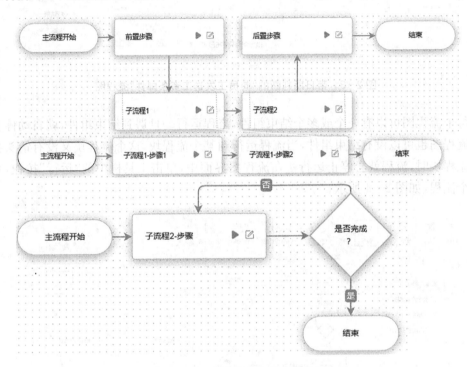

图 2-6　一个主流程和两个子流程

2.1.2　编辑器界面的使用

单击流程块上方的"编辑器"按钮(如图 2-7 所示),进入流程块的编辑器界面。UiBot 提供了两种流程块编辑视图:可视化视图与源代码视图。可视化视图为用户提供了一个可视化的编程界面,用户通过简单的拼装就可以实现流程块的逻辑。源代码视图是为开发工程师准备的编程工具,源代码视图采用 UiBot 自创的编程语言 BotScript(以下简称 UB)来描述流程块。

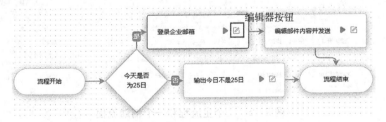

图 2-7　"编辑器"按钮

1. 可视化视图

单击流程图界面中流程块右上方类似于纸和笔的"编辑器"按钮,进入"可视化"视图,如图 2-8 所示。可视化视图包括工具栏与菜单、命令树、可视化代码编辑器、属性与变量面板。

图 2-8　流程块编辑的可视化视图

命令树列出了 UiBot 的全部命令。命令告知了 UiBot 具体每一步该做什么,如何去做。比如"登录企业邮箱"流程块,包括"登录企业邮箱网站""输入用户名""输入密码""单击确定"四个步骤,这四个步骤就对应四条命令。UiBot 会忠实地执行用户给出的每一条命令。

可视化代码编辑器是命令的"组装区",我们在左侧的命令树中双击或拖动相应命令,就可将命令添加到组装区。我们将"登录企业邮箱"流程块中四个步骤对应的四条命令拖放到组装区。每一条命令对应一个方块,我们可以通过拖动命令方块调整命令的先后顺序,或者包含关系;通过"Ctrl＋C""Ctrl＋V""Ctrl＋X"来拷贝、粘贴、剪切命令;通过"Shift＋多条命令""Ctrl＋多条命令"实现连续选择多条命令或不连续选择多条命令。在可视化代码编辑器中每条命令的右端都有一个箭头,表示运行。单击该按钮,仅运行本行命令,如图 2-9。

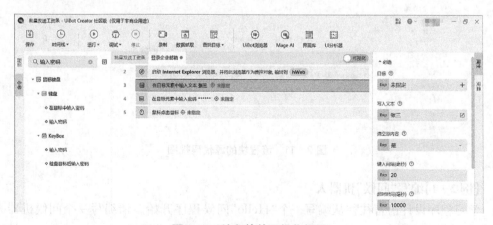

图 2-9　流程块的可视化视图

属性面板可用来设置命令执行规则。所谓属性,是对命令执行细节的描述。比如图 2-9 展现的"在目标元素中输入文本"命令中,我们将"写入文本"的属性定义为"张三",UiBot 会自动在指定的目标元素中输入"张三"。属性分为"必选"和"可选"。一般而言,UiBot 会自动为命令设置一个默认属性值,用户可根据需求进行修改,尤其需要重点关注"必选"属性。

变量管理面板可用来管理代码运行过程中的各类变量。变量是一个有名字的、有特定属性的存储单元,用于存储各类数据。关于变量的使用我们将在后续章节中详细讲解。

单击"流程图"按钮可返回流程图界面,如图 2-10 所示。工具栏中的"运行"按钮默认为运行本流程块。单击"运行"按钮旁的下拉三角,显示"运行当前流程块""运行全流程""调试当前流程块""调试全流程"四个菜单。"运行当前流程块"只运行当前流程块,并且忽略其中所有断点;"运行全流程"运行整个流程图,并且忽略其中所有断点;"调试当前流程块"只运行当前流程块,遇到断点会停下来;"调试全流程"运行整个流程图,遇到断点会停下来。

图 2-10　编辑器界面的工具栏

2. 源代码视图

从 UiBot Creator 6.0 开始,可视化代码编辑器的上方出现了一个可视化视图与源代码视图的切换按钮,单击"源代码"即可显示"源代码视图",如图 2-11 所示。源代码视图与可视化视图描述的是同一个流程,是同一个事物的两种展现形式。可视化视图中每一个命令方块,都可在源代码视图找到对应的代码。比如图 2-10 中显示的"在目标元素中输入文本"命令就与图 2-11 中选中的"Keyboard. InputText"代码相对应。

图 2-11　流程块的源代码视图

【例 2-1】编写"问候"机器人

学习程序设计语言往往从编写一个"Hello"问候程序开始。请编写一个问候机器人,通过消息对话框显示:"Hello,我是小 U,欢迎来到 RPA 的世界!"

（1）步骤 1：新建一个流程，命名为"问候机器人"，如图 2-12 所示。

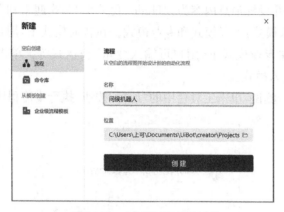

图 2-12　新建"问候机器人"

（2）步骤 2：在流程图界面绘制流程，将流程块的文件名与描述属性均更改为"问候机器人"，如图 2-13 所示。

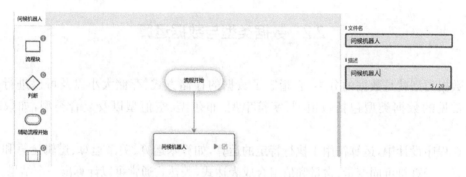

图 2-13　绘制"问候机器人"流程图

（3）步骤 3：实现问候机器人的功能，如图 2-14 所示。单击"问候机器人"流程块右上方的"编辑器"按钮，进入流程块编辑器的可视化视图。在命令树上方的搜索框中输入"消

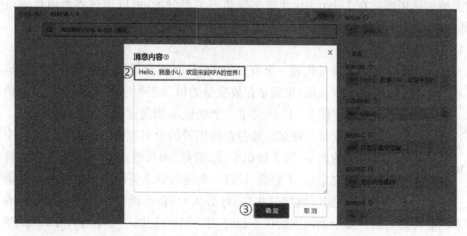

图 2-14　实现"问候机器人"流程块功能

息框",单击回车,命令树显示所有与对话框相关的命令。从中选中"消息框"命令,拖放到可视化代码编辑器,并设置消息内容为:"Hello,我是小U,欢迎来到 RPA 的世界!"UiBot 提供了两种属性输入模式:普通模式和专业模式。在普通模式下,用户可直接输入或选取内容,所见即所得;在专业模式下,用户可输入变量、表达式等。单击属性设置框左侧的"Exp"按钮可切换输入模式。

(4) 步骤 4:运行测试,单击工具栏中的"运行"按钮,执行本流程块,如图 2-15 所示。

图 2-15 "问候机器人"执行结果

2.2 数据类型与数据运算

数据类型就是数据的分类,它指定了数据的存储方式、存储大小以及可以进行的操作。常见的数据类型包括数值型、字符串型、布尔型、空值型以及复合类型,如数组和字典。

在程序设计中,运算符用于执行特定的运算,如算术运算、关系运算、逻辑运算和字符串运算。运算符可同变量、常量和值组合成表达式,表达式通常可以计算出一个结果。

2.2.1 变量

变量是程序实现自动化的基础,是编程中用于存储数据值的容器,它们可以有不同的数据类型和作用域。在 UiBot 中,变量支持动态类型分配,可以通过界面或代码进行赋值,其命名需遵循特定的规则。

1. 变量的概念

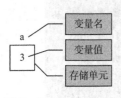

图 2-16 变量的概念

变量代表一个有名字的、具有特定属性的存储单元。变量可用来存放数据,也就是存放变量的值。在程序运行期间,变量的值可以改变。图 2-16 定义了一个变量 a,当前这个变量的值为 3。

变量的命名必须符合标识符的命名规则。标识符是程序中一个对象的名字,用于标识变量、常量、函数等。UiBot 规定,标识符可以用英文字母、下划线、UTF-8 编码中除英语以外的任意其他语言文字,不能以数字开头,不区分大小写,不能使用关键字。变量的命名推荐采用驼峰命名法。多个单词连结在一起时,第一个单词以小写字母开始,其他单词的首字母都采用大写,例如 myLastName,这样的变量名看上去像驼峰一样此起彼伏,故得名。

UiBot 的变量包括流程块变量、流程图变量与系统变量。流程块变量的使用范围仅限于当前流程块,在流程图和其他流程块中无法直接使用。流程图变量可以在本流程的所有流程块中使用。流程图变量还可以指定使用方向,它包括"输入""输出""无"三种使用方向。其中,"输入"和"输出"是高阶功能,在子流程中才需要使用。如果我们只需要考虑一个流程的话,使用方向设为"无"就好。系统变量是 UiBot 事先定义好的保存系统信息的变量。UiBot 的系统变量如表 2-1 所示。

表 2-1　UiBot 的系统变量

系统变量名	系统变量的含义
$ BlockInput	流程块的输入
$ PrevResult	上一条命令的结果
$ UB. InstallPath	UiBot 的安装路径
$ UB. Version	UiBot 的版本
$ Flow. WorkPath	当前流程的工作路径
$ Flow. ElaspedTime	当前流程已运行的时间(毫秒)
$ Block. Description	当前流程块的描述信息

2. 变量的赋值

UiBot 规定,变量必须先定义后使用。在 UiBot 中变量的数据类型是动态的,用户无需在定义的时候声明变量的数据类型,变量的数据类型在运行过程中可以动态改变。变量赋值可通过"变量赋值"命令完成,也通过编写变量赋值语句实现。

1) 在流程图界面或流程块界面定义流程图变量

进入流程图界面或流程块界面,在变量设置窗格中,单击"添加变量",即可新增一个流程图变量。用户可为新增的变量命名、赋初始值,如图 2-17 所示。

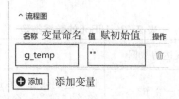

图 2-17　在流程图界面或流程块界面定义流程图变量

2) 通过"变量赋值"命令为变量赋值

在可视化代码编辑中增加一条"变量赋值"命令,在"属性"设置窗格中设置"变量名"和"变量值"。图 2-18 定义了一个字符串变量 name,并赋值为"RPA"。此后,通过"变量赋值"命令,将 name 的值更改为"机器人流程自动化",如图 2-19 所示。

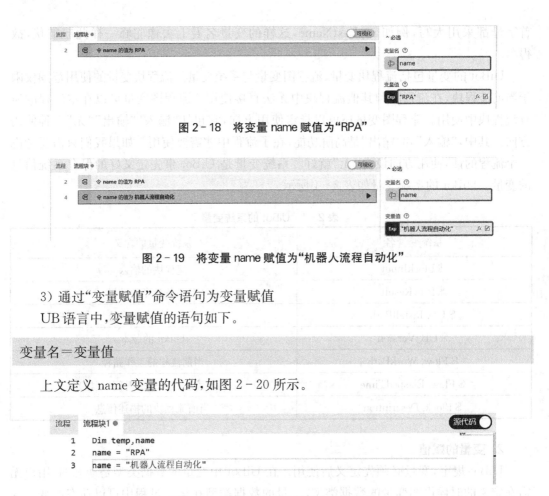

图 2-18 将变量 name 赋值为"RPA"

图 2-19 将变量 name 赋值为"机器人流程自动化"

3）通过"变量赋值"命令语句为变量赋值

UB 语言中，变量赋值的语句如下。

> 变量名＝变量值

上文定义 name 变量的代码，如图 2-20 所示。

```
流程   流程块1 ●                                    源代码
    1   Dim temp,name
    2   name = "RPA"
    3   name = "机器人流程自动化"
```

图 2-20 通过变量赋值语句为变量赋值

2.2.2 数据类型

数据类型决定了数据在内存中的存放方式和占用内存的大小。UiBot 的常用数据类型如表 2-2 所示。

表 2-2 UiBot 的数据类型

数据类型		英文名	可表达的数据	数据表达方式
数值型	整型	Int	可表示 $-2^{63} \sim 2^{63}-1$ 之间的整数	以十进制或者十六进制的方式表示，十六进制需加前缀 &H 或 &h，允许负数，如 123，-321，&H1A（表示 26）
	浮点型	Float	可表示 $-1.7E-308$ 到 $1.7E+308$ 之间的小数	以常规方式或科学记数法表示，如 0.01，1E-2，1e-2 均表示 0.01

（续表）

数据类型		英文名	可表达的数据	数据表达方式
字符串型		String	可表示任意文字内容	用一对半角单引号(' ')或双引号(" ")括起来,如' RPA','我是 rpa'。前后用三个单引号括起来的字符串称为"长字符串"。在长字符串中可以直接写回车符、单引号或者双引号,无须使用\n、\'或者\"。例如:'''我是'UiBot',我是 RPA'''。
布尔型		Boolean	可表示 true（是）或 false(否)	仅有 true 或 false(不区分大小写)
空值		Null	表示不包含任何数据	Null,不区分大小写
复合类型	数组	Array	使用数字索引的多个数据	用半角中括号([ ])括起来多个基础数据类型(以上五种),如[1,' good',true]
	字典	Dictionary	使用字符串索引的多个数据	用半角花括号({ })括起来多个基础数据,每个数据单元使用半角冒号分割键与值,键要用半角双引号括起来,如{"key1":1,"key2":' good',"key3":true}

数值型表示数字,包括整型和浮点型,分别表示整数与小数(一般在计算机中称为浮点数)。

字符串型通常是一串文字,用一对双引号(" ")或一对单引号(' ')括起来。在 UiBot 中,有一种特殊的字符串常量,它是一个由反斜杠(\)加上一个字符或者数字组成的字符序列。我们称这些字符序列为转义字符。它把反斜杠后面的字符或数字转换成别的意义。如"\n"中的 n 不代表字母 n,而表示换行符。

布尔型只有"真"(true)和"假"(false)两个值。空值型的值总是 Null,不区分大小写。数组和字典是两种复合型数据,后续章节将对其进行详细介绍。

2.2.3　复合类型数据

复合类型数据包括数组和字典,它们用于存储和管理复杂的数据集合。数组可用于存储有序的数据元素,可以通过索引访问,支持多种数据类型。字典则通过键值对存储数据,便于快速检索。UiBot 提供了命令来遍历这些数据结构,简化了操作。

1. 数组

数组是一组有序的数据集合。UiBot 中,数组的定义格式如下:

数组变量＝[No$_1$,No$_2$,No$_3$,No$_4$]

数组中的每一个数据称为数组元素,访问数组元素需要用到下标。所谓下标,指的是用于区分数组元素的数字编号。数组元素的下标从 0 开始。访问数组下标为 n 的元素的办法如下:

数组变量[n]

在 UiBot 中,同一数组的多个元素值可以是任意类型的,如整型、字符串型、布尔型等;同一数组中的多个元素的数据类型可以相同,也可以不同,比如:a=[12,'12',12.0],数组 a 有 3 个元素,分别为整型 12,字符串'12'和浮点型 12.0。一个数组的元素甚至也可以是数组,比如 b=[[1,2],[3,4],[5,6]]

2. 数组的遍历

UiBot 提供了一个数组遍历命令,即"依次读取数组中每个元素"的命令。如图 2-21 所示,该命令在"基本命令"—"语法词法"目录下,它自动遍历数组中的每一个元素,并将其值放入循环变量中,直到遍历所有元素为止。数组遍历时,按照索引从小到大的顺序依次取值。

图 2-21 "依次读取数组中每个元素"命令

【例 2-2】某电商平台出售家用电器数组的家用电器

使用数组遍历命令,输出某电商平台出售的家用电器。

(1) 步骤 1:新建一个流程,名称为"数组遍历"。

(2) 步骤 2:在流程图界面,绘制如图 2-22 所示的流程图。

图 2-22 "数组遍历"流程图

(3) 步骤 3:新建家用电器数组变量,家用电器=["电风扇","吸尘器","空调","冰箱","电视机"],如图 2-23 所示。

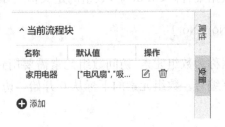

图 2-23 新建"家用电器"数组

（4）步骤 4：添加"依次读取数组中每个元素"命令，设置"数组"属性为"电子产品"。该命令将数组元素存放在变量 value 中，如图 2-24 所示。

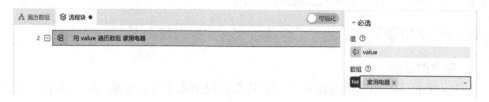

图 2-24　"依次读取数组中每个元素"命令设置

（5）步骤 5：添加"输出调试信息"命令，放至遍历数组内部，更改"输出内容"为 value 变量的值，如图 2-25 所示。

图 2-25　"输出调试信息"命令设置

（6）步骤 6：进行运行测试，运行流程块，查看运行结果，如图 2-26 所示。

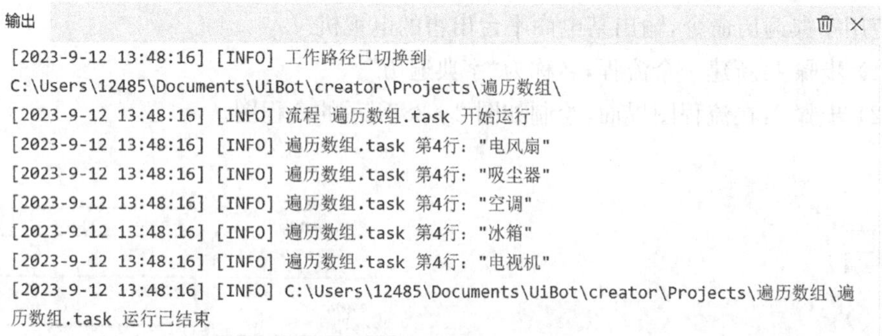

```
输出                                                                    🗑 ✕
[2023-9-12 13:48:16] [INFO] 工作路径已切换到
C:\Users\12485\Documents\UiBot\creator\Projects\遍历数组\
[2023-9-12 13:48:16] [INFO] 流程 遍历数组.task 开始运行
[2023-9-12 13:48:16] [INFO] 遍历数组.task 第4行："电风扇"
[2023-9-12 13:48:16] [INFO] 遍历数组.task 第4行："吸尘器"
[2023-9-12 13:48:16] [INFO] 遍历数组.task 第4行："空调"
[2023-9-12 13:48:16] [INFO] 遍历数组.task 第4行："冰箱"
[2023-9-12 13:48:16] [INFO] 遍历数组.task 第4行："电视机"
[2023-9-12 13:48:16] [INFO] C:\Users\12485\Documents\UiBot\creator\Projects\遍历数组\遍历数组.task 运行已结束
```

图 2-26　"数组遍历"运行结果

3. 字典

字典是 UiBot 提供的另一种复合类型数据，应用字典也可以保存多个数据。数组经常用于保存多个同样性质、同样类别的数据，但是字典的应用场景更为广泛，主要用来保存多个有关联但是数据类型不尽相同的数据。

为了更好地访问不同类型的数据，字典不仅保存了数据的值，还保存了数据的名字（即键）。字典有一系列键值对构成。在 UiBot 中，定义字典的格式如下：

字典变量＝{键$_1$:值$_1$,键$_2$:值$_2$,键$_3$:值$_3$}

其中,键代表名字,只能是字符串,值可以是任意类型的表达式。

与数组类似,也可以利用下标作为索引来访问字典中的元素,但是,字典的索引是名字,即一个字符串。访问字典元素的办法如下:

字典变量["名字"]

4. 字典的遍历

UiBot 提供了一个字典遍历命令,即"依次读取字典中每对键值"命令,如图 2-27 所示。该命令在"基本命令"—"语法词法"目录下,它自动遍历字典中的每一个元素,并将键、值分别放入两个循环变量中,直到遍历所有元素为止。字典的数据是无序的,遍历时不受添加顺序和首字母顺序的影响,先遍历那个数据,后遍历哪个数据是不受控制的。

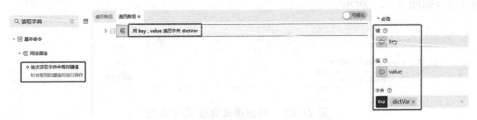

图 2-27 "依次读取字典中每对键值"命令

【例 2-3】某电商平台出售电视机

使用字典遍历命令,输出某电商平台出售的电视机。

(1)步骤 1:新建一个流程,名称为"字典遍历"。

(2)步骤 2:在流程图界面,绘制如图 2-28 所示的流程图。

图 2-28 "字典遍历"流程图

(3)步骤 3:新建名为"电视机"的字典。电视机={"常泓电视":136848.00,"海兴电视":8863100.00,"二星电视":7927600.00,"华夏电视":848631.00},如图 2-29 所示。

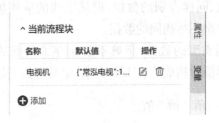

图 2-29 新建"电视机"字典

（4）步骤 4：添加"用 key，value 遍历字典电视机"命令，设置"字典"属性为"电子产品"。该命令将字典键值对分别存放在变量 key、value 中，如图 2 - 30 所示。

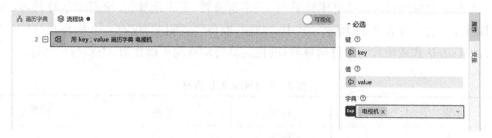

图 2 - 30　"依次读取字典中每对键值"命令设置

（5）步骤 5：添加"输出调试信息"命令，更改"输出内容"属性为"key& ':' &value"，将键、值对的数据用':'连接在一起输出，如图 2 - 31 所示。

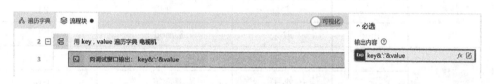

图 2 - 31　"输出调试信息"命令设置

（6）步骤 6：进行运行测试，多次运行流程块，查看运行结果，如图 2 - 32 所示，输出结果的顺序略有不同。

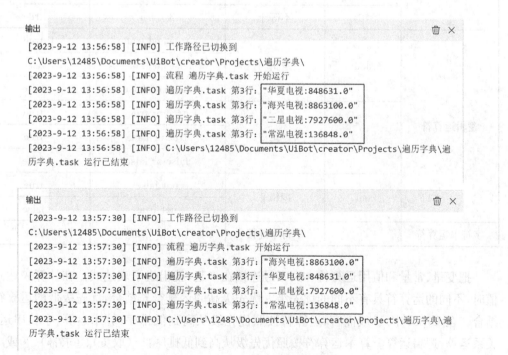

图 2 - 32　"字典遍历"运行结果

2.2.4 运算符与表达式

UiBot 中的运算符包括算术运算符、关系运算符、逻辑运算符、字符串运算符等,各类运算符及其含义如表 2-3 所示。其中,"减法,取负""逻辑非"仅有一个操作数(可以是变量、常量、表达式或值),为单目运算符;其他运算符均有两个操作数,为双目运算符。

表 2-3 UiBot 的运算符

类型	运算符	含义	举例	结果
算术运算符	＋	加法	3＋5	8
	－	减法,取负	3－5,－2	－2
	*	乘法	3 * 5	15
	/	除法	3/5	0.6
	ˆ	求幂	3ˆ5	243
	mod	取余	3 mod 5	3
关系运算符	＞	大于	3＞5	false
	＜	小于	3＜5	true
	＝	等于	3＝5	false
	＞=	大于等于	3＞=5	false
	＜=	小于等于	3＜=5	true
	＜＞	不等于	3＜＞5	true
逻辑运算符	and	逻辑与	true and true	true
			false and false	false
			true and false	false
	or	逻辑或	true or true	true
			true or false	true
			false or false	false
	not	逻辑非	not false	true
			not true	false
字符串运算符	＆	字符串连接	"abc"＆"123"	"abc123"

把变量、常量和值用运算符和圆括号连接在一起,就组成了表达式。在计算表达式的值时,不同的运算符具有不同的优先级。优先级高的运算符先结合,优先级低的运算符后结合。在 UiBot 中,一般而言,运算符按照优先级从高到低排序:算术运算、字符串运算、关系运算、逻辑运算。算术运算符按照优先级从高到低排序:－(取负)、ˆ(求幂)、* 或/(乘除)、mod(取余)、＋或－(加减)。逻辑运算符按照优先级从高到低排序:not(逻辑非)、and

（逻辑与）、or（逻辑或）。另外，一（取负）、not（逻辑非）两个运算符的优先级高于其他运算符。运用括号可以提高优先级，括号内的先运算，括号外的后运算。

一般而言，数值型数据可进行算术运算；字符串型通常只有连接运算，没有其他运算；布尔型只有逻辑运算。程序运行中遇到非法运算时，会提示错误。

2.3　程序结构

程序结构包括顺序结构、条件分支和循环结构，它们共同定义了代码的执行流程。顺序结构按代码顺序执行，条件分支基于条件执行不同代码块，而循环结构重复执行代码直到满足特定条件。这些结构是编程中控制代码逻辑的基础。

2.3.1　顺序结构

顺序结构是最简单的程序结构。每一条语句按照书写顺序执行，并且只执行一次，不重复执行，也没有语句不执行。顺序结构的流程如图 2-33 所示。

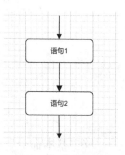

2.3.2　条件分支

条件分支是指程序对一个或多个条件进行判断，从而执行不同的流程。主要有单分支、双分支与多分支几种形式。

图 2-33　顺序结构的流程图

单分支语句先判断表达式是否成立，如果成立，就执行其后所跟的语句块，如果不成立，就不会执行语句块。单分支语句的执行流程如图 2-34 所示。

双分支语句先判断表达式是否成立，如果成立，就执行语句块 1，如果不成立，就执行语句块 2。双分支语句的执行流程如图 2-35 所示。

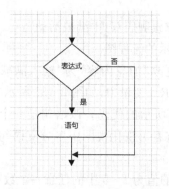

图 2-34　单分支语句流程图

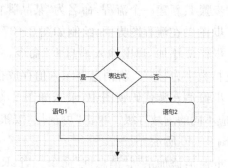

图 2-35　双分支语句流程图

多分支语句先判断表达式 1 是否成立，如果成立，就执行语句块 1，如果不成立，再判断表达式 2 是否成立,如果表达式 2 成立,就执行语句块 2,如果表达式 2 也不成立,就判断表达式 3 是否成立,如果成立就执行语句块 3,如果不成立,就执行语句块 4。多分支语句的执行流程如图 2-36 所示。多分支语句中可以包含多个 ElseIf,Else 语句也可以省略。

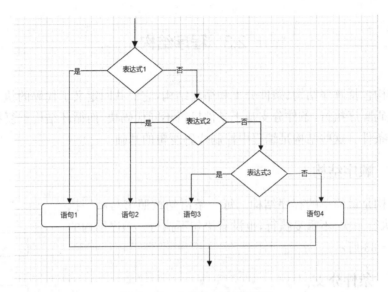

图 2-36　多分支语句流程图

在"基本命令"—"语法词法"目录下,UiBot 提供了三个条件分支命令:"如果条件成立""否则如果条件成立""否则执行后续操作",分别对应于 If 语句、ElseIf 语句、Else 语句。

【例 2-4】某品牌官方旗舰店铺"双 11"满减活动

某品牌官方旗舰店"双 11"满减活动,总共分五档。第一档为满 1 000 减 50;第二档为满 2 000 减 100;第三档为满 3 000 减 200;第四档为满 4 000 减 300;第五档为满 5 000 减 400。请编写一个流程,店家根据价格输入满减档位后,提示具体满减值;如果店家输入不正确,提示输入错误。

(1)步骤 1:新建一个流程,命名为"某品牌官方旗舰店双 11 满减活动"。

(2)步骤 2:在流程图界面,绘制如图 2-37 所示的流程图。

(3)步骤 3:添加"弹出输入消息框"命令,并更改"消息内容"为"输入满减档位(1—5)",仅支持数字为"是"。将消息框录入值存放在 sRet 变量中,如图 2-38 所示。

(4)步骤 4:在源代码视图中,录入如图 2-39 所示的代码。该语句是一个多分支语句,以对应不同的满减等级。单击"可视化"按钮,查看可视化视图中多分支语句对应的语句块,如图 2-40 所示。

(5)步骤 5:添加系列"消息框"命令。当 sRet 的值为 1~5 中的任意一个数字时,将显示不同的满减等级;当 sRet 的值不是 1~5 中的任意一个数字时,显示"输入错误",如图 2-41 所示。

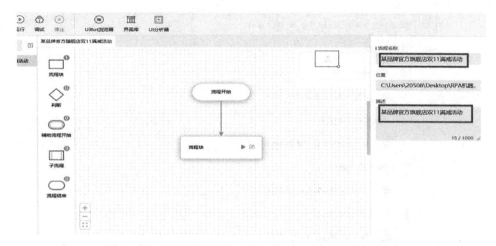

图 2-37　绘制"某品牌官方旗舰店双 11 满减活动"流程图

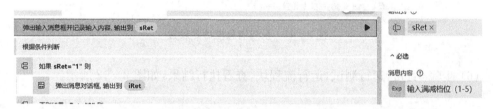

图 2-38　"输入消息框"命令设置

```
1    Dim sRet
2    sRet = Dialog.InputBox("根据商品价格输入满减档位（1-5）","UIbot","",true)
3  > If sRet=1 …
5  > ElseIf sRet=2 …
8  > ElseIf sRet=3 …
11 > ElseIf sRet=4 …
14 > ElseIf sRet=5 …
```

图 2-39　录入多分支语句

2	弹出输入消息框并记录输入内容, 输出到 sRet
3	根据条件判断
3	如果 sRet=1 则
5	否则如果 sRet=2 则
8	否则如果 sRet=3 则
11	否则如果 sRet=4 则
14	否则如果 sRet=5 则

图 2-40　多分支语句对应的语句块

图 2-41　系列消息框命令设置

（6）步骤 6：进行运行测试，运行流程块，查看执行结果，如图 2-42 所示。

图 2-42　流程块执行结果

2.3.3　循环结构

现实工作生活有许多问题需要进行重复处理，如果用顺序结构来处理这些问题，我们将需要重复若干相同的程序段，显然会不胜其烦。循环结构就是为了解决这种需要重复处理的问题而提出的，这类结构的特点是，在给定条件成立时，反复执行某程序段，直到条件不成立为止。给定的条件为循环条件，反复执行的程序段为循环体。UiBot 提供了条件循环、计次循环以及遍历循环三类循环语句，遍历循环用于处理数组、字典中的元素，将在后续章节中介绍。

1. 条件循环

在 UiBot 语言中，使用 Do...Loop 语言来实现条件循环，即满足一定条件时，循环执行某一语句块。Do...Loop 语句有以下五种不同的表现形式。

（1）前置条件成立则循环：先判断条件，条件成立则循环执行语句块，否则自动退出循环。该类循环的执行流程如图 2-43（1）所示。

（2）前置条件不成立则循环：和前一条相反，条件成立则退出循环，否则循环执行语句块。该类循环的执行流程如图 2-43（2）所示。

（3）后置条件成立则循环：先执行语句块，再判断条件，条件成立则继续循环执行语句块，否则自动退出循环。该类循环的执行流程如图 2-43（3）所示。

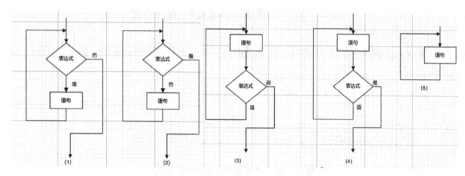

图 2-43　条件循环流程图

（4）后置条件不成立则循环：先执行语句块，再判断条件，条件成立则自动退出循环，否则继续循环执行语句块。该类循环的执行流程如图 2-43（4）所示。

（5）无限循环：该循环语句本身不进行任何的条件判断，需要语句块自行做判断，如果语句块中没有跳出循环的语句，则会无限地执行。该类循环的执行流程如图 2-43（5）所示。

在"基本命令"—"语法词法"目录下，UiBot 提供了五个选择循环命令："当前置条件成立时循环执行操作""当前置条件不成立时循环执行操作""先执行操作，当后置条件成立时继续循环执行操作""先执行操作，当后置条件不成立时继续循环执行操作""无限循环执行操作"，这五个命令分别对应于以上五种不同类型的循环。

【例 2-5】报时机器人

利用无限循环语句，编写一个报时机器人，该机器人每隔一秒在调试输出窗口显示当前时间。

（1）步骤 1：新建一个流程，名称为"报时机器人"。

（2）步骤 2：在流程图界面，绘制如图 2-44 所示的流程图。

图 2-44　"报时机器人"流程图

（3）步骤 3：添加"当前置条件成立时"命令。该命令判断表达式为 true，表示条件永远满足，所以 Do While True…Loop…语句与 Do…Loop…语句等价，均可表示无限循环,也可以使用"无限循环执行操作"命令,如图 2-45 所示。

图 2-45 "当前置条件成立时"命令设置

（4）步骤 4：在循环体语句块位置添加"获取时间"命令,获取当前日期与时间,如图 2-46 所示。

图 2-46 "获取时间"命令设置

（5）步骤 5：添加"格式化时间"命令,更改格式为"yyyy-mm-dd hh:mm:ss"。添加"输出调试信息"命令,在调试窗口输出时间,如图 2-47 所示。

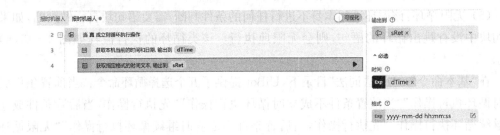

图 2-47 "格式化时间"命令设置

（6）步骤 6：添加"延时"命令,更改延时（毫秒）为"1000",流程延时 1 秒后继续执行后续命令,如图 2-48 所示。

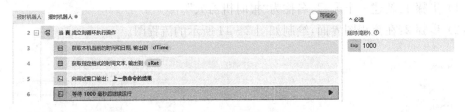

图 2-48 "延时"命令设置

（7）步骤 7：进行运行测试,运行流程块,查看执行结果,如图 2-49 所示。

【例 2-6】条件报时机器人

修改例 2-6 的报时机器人功能,增加条件循环,如果当前秒数为 0,则弹出消息框,提示"结束报时"。

输出

[2022-3-4 09:27:03] [INFO] 工作路径已切换到 E:\uibot6.0\循环结构\
[2022-3-4 09:27:03] [INFO] 流程 报时机器人.task 开始运行
[2022-3-4 09:27:03] [INFO] 报时机器人.task 第5行："2022-03-04 09:27:03"
[2022-3-4 09:27:04] [INFO] 报时机器人.task 第5行："2022-03-04 09:27:04"
[2022-3-4 09:27:05] [INFO] 报时机器人.task 第5行："2022-03-04 09:27:05"
[2022-3-4 09:27:06] [INFO] 报时机器人.task 第5行："2022-03-04 09:27:06"

图2-49　"报时机器人"运行结果

（1）步骤1：添加"当前置条件成立时"命令，更改判断表达式为"iRet<>0"，并将相关语句放在循环体中，如图2-50所示。报时机器人在当前秒数不为0时，按秒报时。

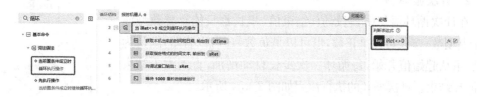

图2-50　"当前置条件成立时"命令设置

（2）步骤2：添加"获取秒数"命令，更改时间的内容为"dTime"，如图2-51所示。

图2-51　"获取秒数"命令设置

（3）步骤3：添加"消息框"命令，更改消息内容为"结束报时"，如图2-52所示。

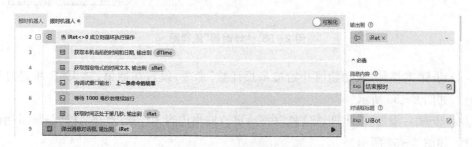

图2-52　"消息框"命令设置

（4）步骤4：进行运行测试，运行流程块，查看运行结果，如图2-53所示。

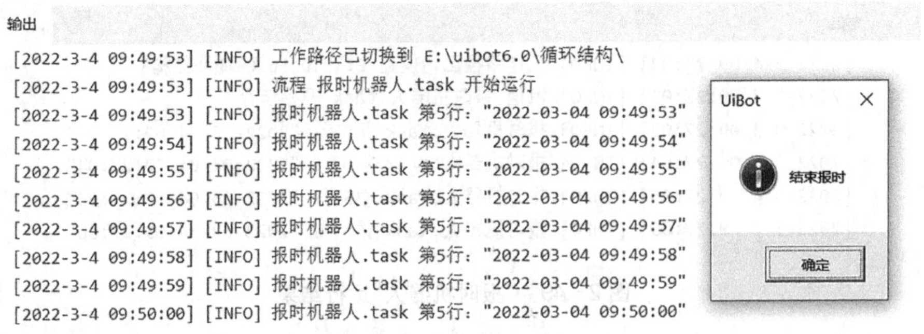

输出
[2022-3-4 09:49:53] [INFO] 工作路径已切换到 E:\uibot6.0\循环结构\
[2022-3-4 09:49:53] [INFO] 流程 报时机器人.task 开始运行
[2022-3-4 09:49:53] [INFO] 报时机器人.task 第5行："2022-03-04 09:49:53"
[2022-3-4 09:49:54] [INFO] 报时机器人.task 第5行："2022-03-04 09:49:54"
[2022-3-4 09:49:55] [INFO] 报时机器人.task 第5行："2022-03-04 09:49:55"
[2022-3-4 09:49:56] [INFO] 报时机器人.task 第5行："2022-03-04 09:49:56"
[2022-3-4 09:49:57] [INFO] 报时机器人.task 第5行："2022-03-04 09:49:57"
[2022-3-4 09:49:58] [INFO] 报时机器人.task 第5行："2022-03-04 09:49:58"
[2022-3-4 09:49:59] [INFO] 报时机器人.task 第5行："2022-03-04 09:49:59"
[2022-3-4 09:50:00] [INFO] 报时机器人.task 第5行："2022-03-04 09:50:00"
UiBot
结束报时
确定

图 2-53 “报时机器人”运行结果

2. 计次循环

在计次循环语句中，起始值、结束值、步长都只能是整数型或者浮点型数；步长可以是正数，也可以是负数，还可以省略，默认为 1。变量从起始值开始，每循环一次步长自动增加，直到大于结束值，循环结束。计次循环的执行流程如图 2-54 所示。

循环变量=起始值
循环变量是否大于结束值
是
否
语句
循环变量=循环变量+步长

图 2-54 计次循环流程图

在“基本命令”—“语法词法”目录下，UiBot 提供了一个计次循环语句：“从初始值开始按步长计数”命令，对应 For... Next... 语句。

【例 2-7】倒计时器

编写一个“计时器”机器人，完成 1 分钟计时功能。在调试窗口显示秒数，到了一分钟，消息框提示“一分钟到”。

(1) 步骤 1：新建一个流程，名称为“计时器”。

(2) 步骤 2：在流程图界面，绘制如图 2-55 所示的流程图。

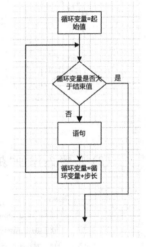

计时器
流程块
判断
流程开始
计时器
文件名
计时器
描述
计时器
3 / 20

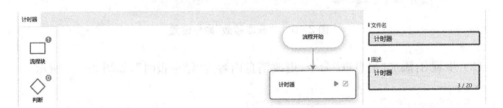

图 2-55 “计时器”流程图

(3) 步骤 3：添加“从初始值开始按步长计数”命令，设置初始值、结束值、步进分别为 1、60、1，如图 2-56 所示。

(4) 步骤 4：添加“输出调试信息”命令，更改输出内容为“"第"&i&"秒"”，显示当前为第几秒，如图 2-57 所示。

(5) 步骤 5：添加“延时”命令，更改“延时(毫秒)”为“1 000”，即 1 秒，如图 2-58 所示。

(6) 步骤 6：添加“消息框”命令，更改消息内容为“1 分钟到”，如图 2-59 所示。

(7) 步骤 7：进行运行测试，运行流程块，查看运行结果，如图 2-60 所示。

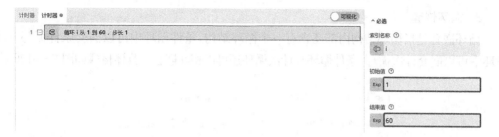

图 2-56　"从初始值开始按步长计数"命令设置

图 2-57　"输出调试信息"命令设置

图 2-58　"延时"命令设置

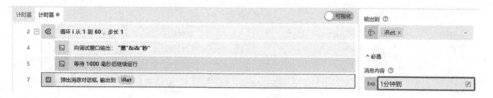

图 2-59　"消息框"命令设置

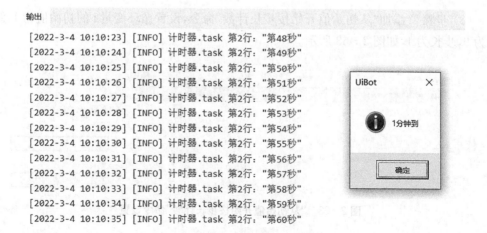

```
输出
[2022-3-4 10:10:23] [INFO] 计时器.task 第2行："第48秒"
[2022-3-4 10:10:24] [INFO] 计时器.task 第2行："第49秒"
[2022-3-4 10:10:25] [INFO] 计时器.task 第2行："第50秒"
[2022-3-4 10:10:26] [INFO] 计时器.task 第2行："第51秒"
[2022-3-4 10:10:27] [INFO] 计时器.task 第2行："第52秒"
[2022-3-4 10:10:28] [INFO] 计时器.task 第2行："第53秒"
[2022-3-4 10:10:29] [INFO] 计时器.task 第2行："第54秒"
[2022-3-4 10:10:30] [INFO] 计时器.task 第2行："第55秒"
[2022-3-4 10:10:31] [INFO] 计时器.task 第2行："第56秒"
[2022-3-4 10:10:32] [INFO] 计时器.task 第2行："第57秒"
[2022-3-4 10:10:33] [INFO] 计时器.task 第2行："第58秒"
[2022-3-4 10:10:34] [INFO] 计时器.task 第2行："第59秒"
[2022-3-4 10:10:35] [INFO] 计时器.task 第2行："第60秒"
```

图 2-60　"计时器"运行结果

3. 循环嵌套

循环嵌套是指循环结构内部还含有一个循环结构,条件循环中可以嵌套条件循环,计次循环中可以嵌套计次循环,条件循环与计次循环还可以相互嵌套。具体格式如图 2-61 所示:

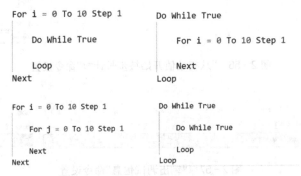

图 2-61 循环嵌套

【例 2-8】九九乘法表

设计一个输出"九九乘法表"的机器人,在调试窗口输出"数字 1 * 数字 2＝数字 3"。

(1) 步骤 1:新建一个流程,名称为"九九乘法表"。

(2) 步骤 2:在流程图界面,绘制如图 2-62 所示的流程图。

图 2-62 "九九乘法表"流程图

(3) 步骤 3:添加"从初始值开始按步长计数"命令,设置循环变量 i 的初始值为 1,结束值为 9,步长为 1,如图 2-63 所示。

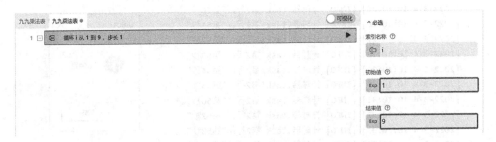

图 2-63 "从初始值开始按步长计数"命令设置

(4) 步骤 4:在上一循环的循环体中添加"从初始值开始按步长计数"命令,形成循环嵌套,设置循环变量 j 的初始值为 1,结束值为 9,步长为 1,如图 2-64 所示。

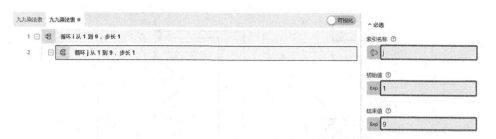

图 2-64　循环嵌套"从初始值开始按步长计数"命令设置

（5）步骤 5：添加"输出调试信息"命令，更改"输出内容"为"i&" * "&j&" = "&i * j"，如图 2-65 所示。

图 2-65　"输出调试信息"命令设置

（6）步骤 6：进行运行测试，运行流程块，查看运行结果。本机器人共计在调试窗口输出 81 个等式，如图 2-66 所示。

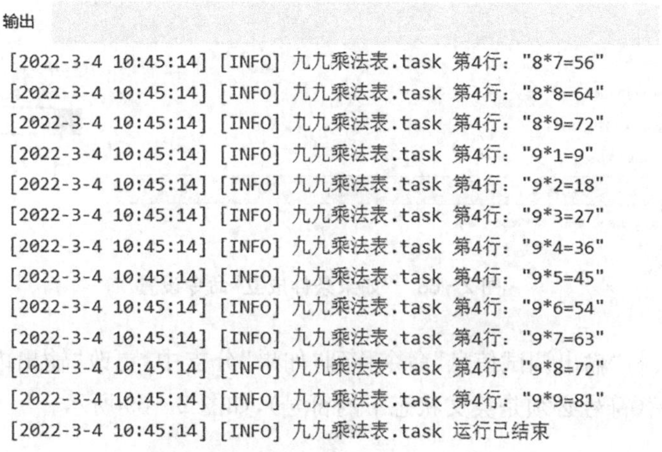

```
输出

[2022-3-4 10:45:14] [INFO] 九九乘法表.task 第4行："8*7=56"
[2022-3-4 10:45:14] [INFO] 九九乘法表.task 第4行："8*8=64"
[2022-3-4 10:45:14] [INFO] 九九乘法表.task 第4行："8*9=72"
[2022-3-4 10:45:14] [INFO] 九九乘法表.task 第4行："9*1=9"
[2022-3-4 10:45:14] [INFO] 九九乘法表.task 第4行："9*2=18"
[2022-3-4 10:45:14] [INFO] 九九乘法表.task 第4行："9*3=27"
[2022-3-4 10:45:14] [INFO] 九九乘法表.task 第4行："9*4=36"
[2022-3-4 10:45:14] [INFO] 九九乘法表.task 第4行："9*5=45"
[2022-3-4 10:45:14] [INFO] 九九乘法表.task 第4行："9*6=54"
[2022-3-4 10:45:14] [INFO] 九九乘法表.task 第4行："9*7=63"
[2022-3-4 10:45:14] [INFO] 九九乘法表.task 第4行："9*8=72"
[2022-3-4 10:45:14] [INFO] 九九乘法表.task 第4行："9*9=81"
[2022-3-4 10:45:14] [INFO] 九九乘法表.task 运行已结束
```

图 2-66　"九九乘法表"运行结果

4. 跳出循环

UiBot 支持两种跳出循环语句：Break 和 Continue。跳出循环语句只能出现在循环体中，Break 的含义是立即跳出循环，Continue 的含义是立即结束当前循环，并开始下一次循环。Break 语句与 Continue 语句的运行流程图见图 2-67。Break 语句与 Continue 语句的区别在于，Break 语句跳出循环后，执行循环体后面的语句；Continue 语句跳出本次循环后，执行下一次循环。

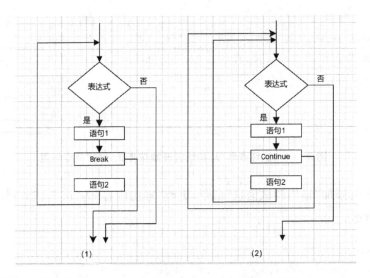

图 2-67　Break 语句与 Continue 语句流程图

【例 2-9】改良版九九乘法表

用 Break 语句与 Continue 语句修改九九乘法表,设置当 i 小于等于 y 时,在调试窗口输出"数字 1＊数字 2＝数字 3"。对比 Break 语句与 Continue 语句的执行结果。

(1)步骤 1:在循环体中添加"如果条件成立"命令,更改"判断表达式"为"i＜＝j",如图 2-68 所示。

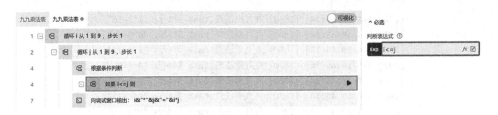

图 2-68　"如果条件成立"命令设置

(2)步骤 2:将"输出调试信息"命令移到"如果"分支中,更改"输出内容"为:"i&" ＊ "&j&"＝"&i＊j"(符号必须是英文状态下的符号),如图 2-69 所示。

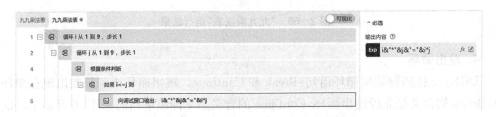

图 2-69　调整"输出调试信息"命令位置

(3)步骤 3:添加"否则执行后续操作"命令,如图 2-70 所示。

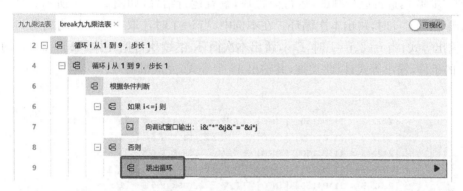

图 2-70　添加"否则执行后续操作"命令

（4）步骤 4：在"否则"分支中添加"跳出循环"命令，如图 2-71 所示。

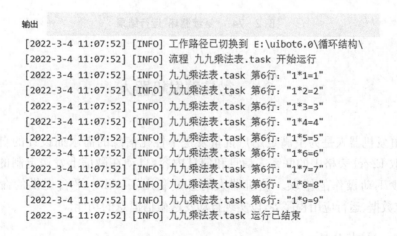

图 2-71　添加"跳出循环"命令

（5）步骤 5：进行运行测试，运行流程块，查看运行结果，如图 2-72 所示。当 $i<=j$ 时，输出等式；$i>j$ 时，跳出循环。在本例中，当 $i=1$ 时，j 取 1～9 时，均满足 $i<=j$ 的条件，输出等式；当 $i=2$、$j=1$ 时，$i>j$，跳出循环；当 $i=3$、$j=1$ 时，$i>j$，跳出循环；以此类推，共输出 9 个等式。这不是我们想要的结果。

```
输出
[2022-3-4 11:07:52] [INFO] 工作路径已切换到 E:\uibot6.0\循环结构\
[2022-3-4 11:07:52] [INFO] 流程 九九乘法表.task 开始运行
[2022-3-4 11:07:52] [INFO] 九九乘法表.task 第6行: "1*1=1"
[2022-3-4 11:07:52] [INFO] 九九乘法表.task 第6行: "1*2=2"
[2022-3-4 11:07:52] [INFO] 九九乘法表.task 第6行: "1*3=3"
[2022-3-4 11:07:52] [INFO] 九九乘法表.task 第6行: "1*4=4"
[2022-3-4 11:07:52] [INFO] 九九乘法表.task 第6行: "1*5=5"
[2022-3-4 11:07:52] [INFO] 九九乘法表.task 第6行: "1*6=6"
[2022-3-4 11:07:52] [INFO] 九九乘法表.task 第6行: "1*7=7"
[2022-3-4 11:07:52] [INFO] 九九乘法表.task 第6行: "1*8=8"
[2022-3-4 11:07:52] [INFO] 九九乘法表.task 第6行: "1*9=9"
[2022-3-4 11:07:52] [INFO] 九九乘法表.task 运行已结束
```

图 2-72　"跳出循环"命令运行结果

（6）步骤 6：在"否则"分支中替换"继续循环"命令，开始下一次循环，如图 2-73 所示。

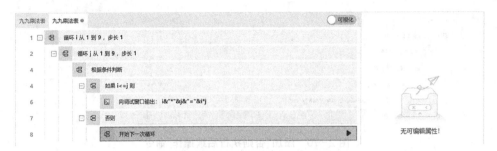

图 2-73　替换"继续循环"命令

（7）步骤 7：进行运行测试，运行流程块，查看运行结果，如图 2-74 所示。当 i＜=j 时，输出等式；i＞j 时，跳出本次循环。在本例中，当 i=1 时，j 取 1~9 时，均满足 i＜=j 的条件，输出等式；当 i=2，j=1 时，i＞j，跳出本次循环，继续执行循环体，取 j=2~9，均满足 i＜=j 的条件，输出等式；以此类推，共输出 45 个等式，完成机器人。

```
输出
[2022-3-4 11:04:56] [INFO] 九九乘法表.task 第6行: "1*1=1"
[2022-3-4 11:04:56] [INFO] 九九乘法表.task 第6行: "1*2=2"
[2022-3-4 11:04:56] [INFO] 九九乘法表.task 第6行: "1*3=3"
[2022-3-4 11:04:56] [INFO] 九九乘法表.task 第6行: "1*4=4"
[2022-3-4 11:04:56] [INFO] 九九乘法表.task 第6行: "1*5=5"
[2022-3-4 11:04:56] [INFO] 九九乘法表.task 第6行: "1*6=6"
[2022-3-4 11:04:56] [INFO] 九九乘法表.task 第6行: "1*7=7"
[2022-3-4 11:04:56] [INFO] 九九乘法表.task 第6行: "1*8=8"
[2022-3-4 11:04:56] [INFO] 九九乘法表.task 第6行: "1*9=9"
[2022-3-4 11:04:56] [INFO] 九九乘法表.task 第6行: "2*2=4"
[2022-3-4 11:04:56] [INFO] 九九乘法表.task 第6行: "2*3=6"
[2022-3-4 11:04:56] [INFO] 九九乘法表.task 第6行: "2*4=8"
[2022-3-4 11:04:56] [INFO] 九九乘法表.task 第6行: "2*5=10"
```

图 2-74　"继续循环"运行结果

2.4　微信群发机器人

微信群发机器人是为了满足用户批量发送个性化信息的需求而设计的自动化工具。它通过读取 Excel 表格中的联系人信息和信息内容，自动在微信上发送定制的消息，提高效率并减少手动操作的错误。该机器人的开发利用了 UiBot 平台提供的命令，如打开 Excel、读取数据、运行应用程序等，以实现自动发送微信消息的功能。

2.4.1　需求分析

国庆节快到了，小红准备给好友、同事、领导、亲人发送祝福短信。传统的群发信息只能发送同一内容，如图 2-75 所示，显得没有诚意。于是小红想让我们帮她设计一个能够体现出称呼和祝福语的微信群发机器人。

图 2-75　人工发送微信群发流程

2.4.2　自动化流程设计

RPA 咨询分析师在分析小红的需求后,设计了微信群发机器人的工作流程(如图 2-76 所示),由机器人替代小红编辑并发送微信信息。这样既减少了机械性、重复性的工作,也减少了人工操作中可能存在的错误,有利于提升小红的工作效率。

图 2-76　"微信群发机器人"工作流程

2.4.3　自动化流程实现

针对微信群发机器人的工作流程,在 UiBot 中,采用一个"微信群发机器人"流程块来实现其功能。该流程块的命令如表 2-4 所示。

表 2-4　微信群发机器人的命令

序号	流程描述	命令名称
1	打开"微信群发表格"工作簿	打开 Excel 工作簿
2	提取"微信群发表格"工作簿中的"微信名""称呼""消息"后,关闭工作簿	读取区域;关闭 Excel 工作簿
3	运行微信程序(已登录状态)	运行应用程序;更改窗口显示状态
4	依次提取数据并发送短信	依次读取数组中每个元素;模拟按键等
5	将信息全部发送完成	单击目标

2.4.4　开发步骤

【准备】

新建一个"微信群发助手机器人"流程。进入流程界面,并将流程块名称修改为"微信群发助手机器人",单击流程的编辑按钮,进入流程编辑界面,如图 2-77 所示。

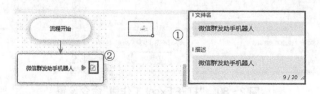

图 2-77　新建"微信群发助手机器人"流程

将"微信群发表格"文件夹存放在流程文件夹 res 目录下，以便使用，如图 2-78 所示。

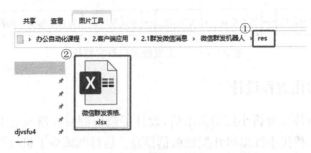

图 2-78　文件存放至文件夹 res 目录下

图 2-79 是"微信群发表格"模板。"微信名"处填写对方的微信昵称或者备注名；"称呼"处填写对他或她的称呼；"消息"处填写想要发送的内容。

图 2-79　"微信群发表格"模板

完成微信的登录，以便后续使用。

【操作步骤】

（1）步骤 1：打开"微信群发表格"工作簿。

添加"打开 Excel 工作簿"命令，在"属性"中将文件路径更改为"微信群发表格.xlsx"，"打开方式"设置为"WPS"（按文件类型默认打开方式选择），如图 2-80 所示。

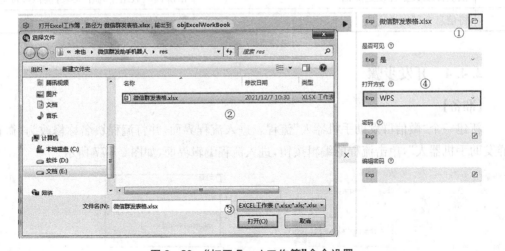

图 2-80　"打开 Excel 工作簿"命令设置

（2）步骤 2：提取"微信群发表格"工作簿中的"微信名""称呼""消息"后，关闭工作簿。

① 添加"读取区域"命令，在属性中将"区域"更改为：A2：C4（根据文档区域输入），如图 2-81 所示。

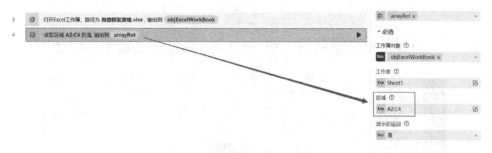

图 2-81　"读取区域"命令设置

② 添加"关闭 Excel 工作簿"命令，如图 2-82 所示。

图 2-82　"关闭 Excel 工作簿"命令设置

（3）步骤 3：运行微信程序。

① 添加"启动应用程序"命令，在属性中将"文件路径"更改为微信程序（WeChat. exe）存放的路径，如图 2-83 所示。

图 2-83　"启动应用程序"命令设置

② 添加"更改窗口显示状态"命令，单击"重新从界面上选取"，选择微信窗口，使窗口

最大化,如图 2-84 所示。

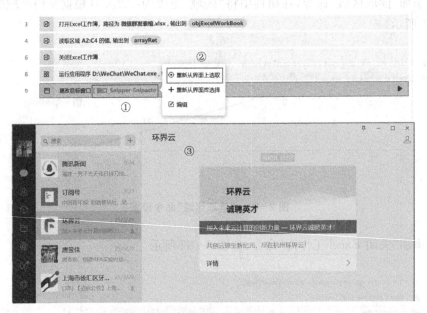

图 2-84 "更改窗口显示状态"命令设置

(4) 步骤 4:依次获取收件人并发送信息。

① 添加"依次读取数组中每个元素"命令,数组更改为 arrayRet,如图 2-85 所示。

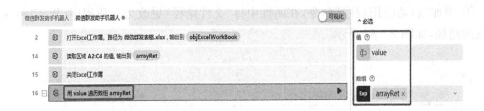

图 2-85 "依次读取数组中每个元素"命令设置

② 添加"在目标中输入"命令,单击"重新从界面上选取",选择微信搜索框,点亮 Exp 将"写入文本"更改为"value[0]",如图 2-86 所示。

③ 添加"模拟按键"命令,将"按键类型"更改为"单击",如图 2-87 所示。

④ 添加"输入文本"命令,在属性中单击 Exp 后将"输入内容"更改为"value[1]&value [2]",如图 2-88 所示。

(5) 步骤 5:将信息全部发送完成。添加"点击目标"命令,单击"重新从界面上选取",选择"发送"按钮,将"鼠标类型"更改为"左键",将"点击类型"更改为"单击",如图 2-89 所示。

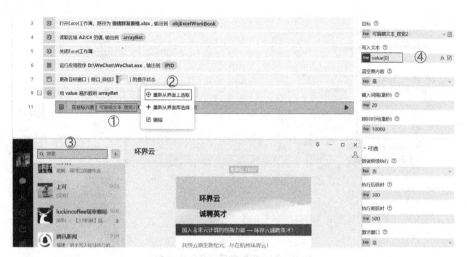

图 2-86 "在目标中输入"命令设置

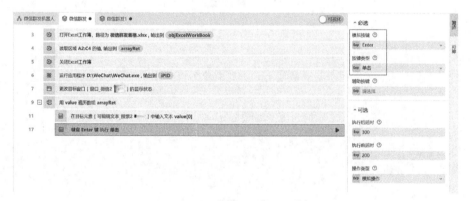

图 2-87 "模拟按键"命令设置

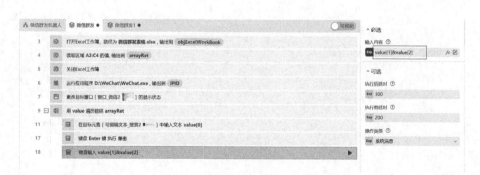

图 2-88 "输入文本"命令设置

（6）步骤 6：进行运行测试，查看流程运行结果。

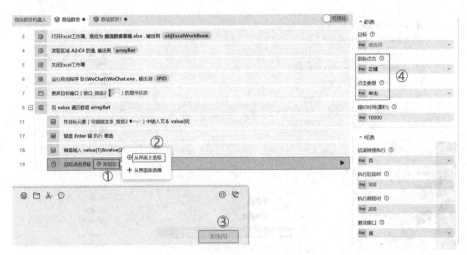

图 2 - 89 "点击目标"命令设置

第 2 篇

RPA 与常用办公工具的结合

第3章

Web 应用自动化

互联网(WWW)技术的发展为用户在网上查找和浏览信息提供了直观、便捷的图形化界面,越来越多的应用系统被部署到因特网上,基于 Web 的远程办公日益普及。Web 应用自动化可自动识别 Web 元素并对其进行操作,如网页操作、数据抓取等。本章节重点介绍浏览器与网页操作、数据抓取。

3.1 基础知识

作为具有"无浸入"特征的 RPA,势必在软件不提供任何接口的情况,就能模拟人类的动作,直接对其进行操作。UiBot 可通过有目标命令对其中的界面元素进行操作,也可通过无目标命令以图像的形式对界面进行操作。

3.1.1 有目标命令

界面元素之间存在嵌套组合关系。一个大的界面元素中,可能包含了多个小的界面元素,我们称之为"子元素"。同样,每个子元素中又可能包含了多个子元素,不妨称之为"孙元素"。比如,图 3-1 里框中的范围是一个界面元素,其中的每个文件是这个界面元素的子元素。

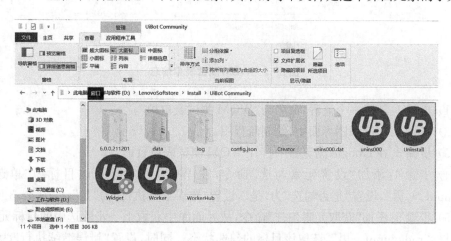

图 3-1　Windows 窗口中的界面元素

在 UiBot 中,可通过有目标命令对界面元素进行操作。所谓"有目标命令",是指在命令中指定了一个界面元素,在运行的时候,流程会首先查找这个界面元素是否存在。如果存在,则会针对这个界面元素进行操作;如果不存在,则会反复查找,直到超过指定的时间,即"超时"为止。相反,对于"无目标命令",无需在命令中指定界面元素。命令树中的"界面元素""窗口""文本"类别下的所有命令,"鼠标""键盘"类别下包含"目标"两个字的命令,均为有目标命令。在使用 UiBot 时,因为有目标命令对界面元素的选择要准确很多,所以,建议优先使用有目标命令,只有在找不到目标的时候,才使用无目标命令。

1. 获取/设置元素勾选

"获取元素勾选""设置元素勾选"命令可以对单选框、复选框进行操作。"获取元素勾选"可以判断单选框与复选框是否已经被选中,"设置元素勾选"可以对单选框或复选框进行选中操作。

【例 3-1】WQM 测试表单填写

打开 WQM 测试表单页面(http://www.vrbrothers.com/cn/wqm/demo/pages/Demo-ComplexForm.aspx),自动按图 3-2 所示信息填写表单,并将"WQM 测试表单(注册页面)"这个表头设置成左对齐。

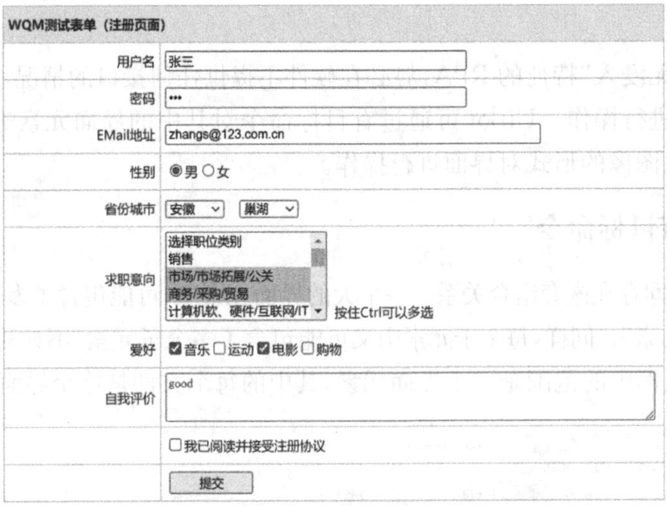

图 3-2　WQM 测试表单信息

(1) 步骤1:新建一个流程,命名为"WQM 测试表单填写"。

(2) 步骤2:在流程图界面中,绘制流程图。

(3) 步骤3:在 Google 浏览器中打开 WQM 测试表单页面。

(4) 步骤4:添加"设置元素勾选"命令,在 WQM 页面中更改目标为"单选框<radioinput>_男",设置"是否勾选"为"是",设置"错误继续执行"为"是",如图 3-3 所示。

(5) 步骤5:添加"获取元素勾选"命令,从界面库中获取上一步骤选中的目标元素,即"单选框<radioinput>男",获取该目标的勾选状态。同时,设置"错误继续执行"为"是"。添加"输出调试信息"命令,输出上一条命令的结果,如图 3-4 所示。

(6) 步骤6:进行运行测试,运行流程块,查看运行结果,如图 3-5 所示。

(7) 步骤7:参照步骤4、5,选中"音乐""电影"复选框,并输出运行结果。

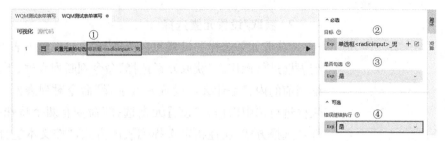

图 3-3　"设置元素勾选"命令设置

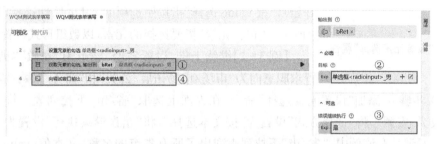

图 3-4　"获取元素勾选""输出调试信息"命令设置

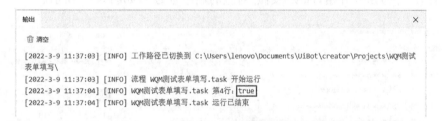

图 3-5　"设置/获取单选框勾选"运行结果

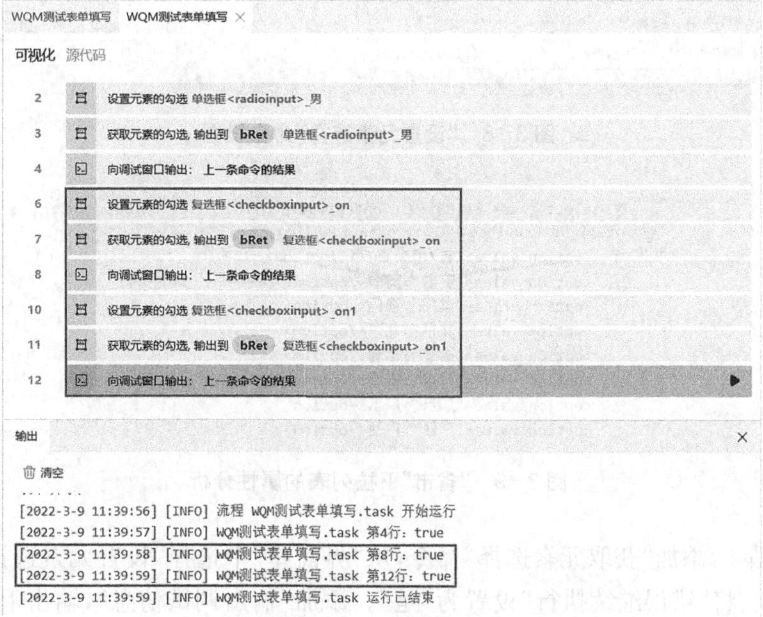

图 3-6　"设置/获取复选框勾选"运行结果

图 3-7 "设置元素选择"属性

2. 获取/设置元素选择

"获取元素选择""设置元素选择"命令可以对列表框、下拉列表框进行操作。"获取元素选择"命令判断列表框、下拉列表框当前的内容是什么,"设置元素选择"命令对列表框、下拉列表框进行选中操作。"设置元素选择"命令有两个特殊必须属性:"选择方式"属性指定选择列表的方式,"按文本选择"指按照选项的 text 选择;"按顺序选择"指按照索引顺序选择(从 0 开始),"按 value 选择"指按照选项的 value 属性选择,如图 3-7 所示。"包含元素"指要选择的元素,以数组形式设置。

【例3-2】继续上例,设置省份、城市为"安徽""巢湖",设置求职意向为"市场/市场拓展/公关"和"商务/采购/贸易"。

(1)步骤8:添加"设置元素选择"命令,在界面上选取"省/市"下拉列表。将"包含元素"更改为"安徽",将"选择方式"设置为"按文本选择",将"错误继续执行"设置为"是",如图3-8所示。在该例中,"省/市"下拉列表列出了所有省市的名称,文本值、value 值均为省市名称,顺序号从 0 开始,选项"安徽"对应的顺序号为1,如图3-9所示。

图 3-8 "设置元素选择"命令设置

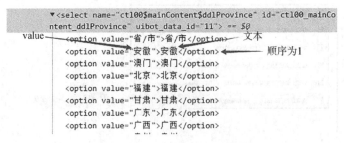

图 3-9 "省市"下拉列表的属性分析

(2)步骤9:添加"获取元素选择"命令,从"界面库"中选择"设置元素选择"命令选中的目标元素。将"错误继续执行"设置为"是"。添加"输出调试信息",输出上一条命令的结果,如图 3-10 所示。

图 3-10　"获取元素选择""输出调试信息"命令设置

（3）步骤 11：进行运行测试，运行"设置元素选择""获取元素选择""输出调试信息"命令，查看运行结果，如图 3-11 所示。

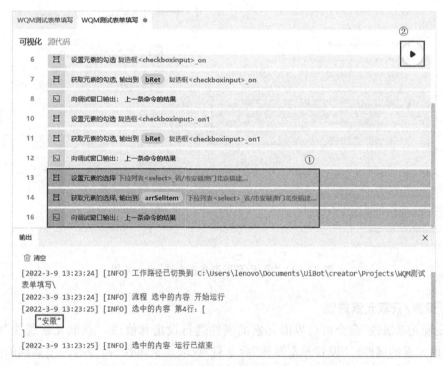

图 3-11　"设置/获取下拉列表框选择"运行结果

（4）步骤 11：参照步骤 8、9，将选中内容设置为下拉列表中的"巢湖"，并试运行相关语句，输出运行结果，如图 3-12 所示。

（5）步骤 12：参照步骤 8、9，将选中内容更改为求职意向中的"市场/市场拓展/公关"和"商务/采购/贸易"两项，并试运行相关语句，输出运行结果。由于求职意向选中两项，在"设置元素选择"命令中，将"包含元素"设置为数组["市场/市场拓展/公关","商务/采购/贸易"]，如图 3-13 所示。

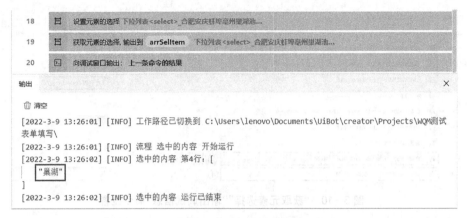

图 3-12 "设置/获取下拉列表框选择"运行结果

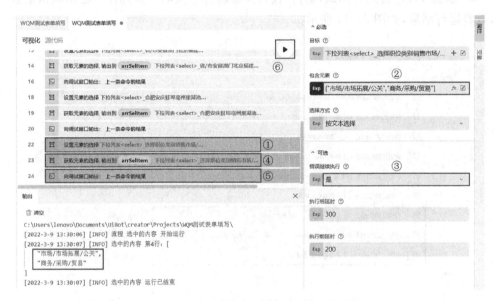

图 3-13 "设置/获取列表框多选"运行结果

3. 设置/获取元素属性

"设置元素属性"命令可对界面元素的属性进行设定和修改,"获取元素属性"命令可获取界面元素的属性。"设置元素属性"命令与"获取元素属性"命令有一个共同的必选属性,即"属性名",这个属性名在用户不熟悉的时候,可通过浏览器的开发者工具查看。"设置元素属性"另有一个"属性值"属性,用于指定元素的属性值。

【例 3-3】继续上例,将标题行设置为左对齐。

在"WQM 测试表单(注册页面)",进入"更能多工具"—"开发者工具",选择"WQM 测试表单(注册页面)"标题行,就可以在右边看到表格中该行的所有属性。其中有一个 align 属性,表示对齐,当前为"右对齐",如图 3-14 所示。通过"设置元素属性"命令可将其设置为左对齐。

(1) 步骤 13:添加"设置元素属性"命令,从界面中选择标题行,作为目标元素,更改

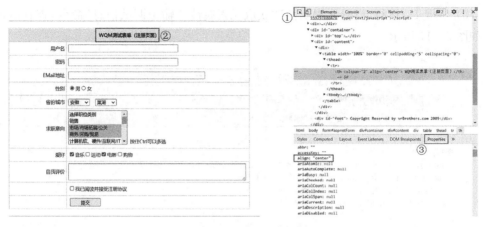

图 3-14　标题行的属性值

"属性名"为"align"，"属性值"为"left"，设置"错误继续执行"为"是"，将该元素设置为左对齐，如图 3-15 所示。

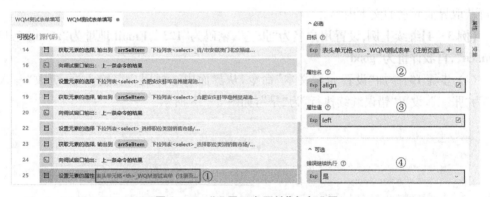

图 3-15　"设置元素属性"命令设置

（2）步骤 14：添加"获取元素属性"命令，更改"属性名"为"align"，设置"错误继续执行"为"是"，获取标题行的对齐方式。添加"输出调试信息"命令，输出上一条命令的结果，如图 3-16 所示。

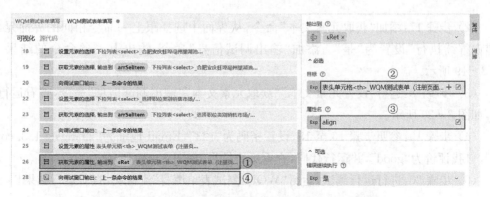

图 3-16　"获取元素属性""输出调试信息"命令设置

（3）步骤 15：运行"设置元素属性""获取元素属性""输出调试信息"命令，查看运行结果，如图 3-17 所示。

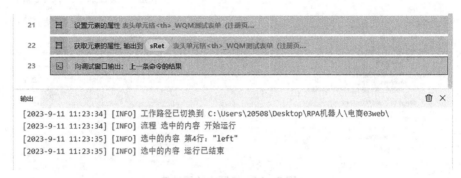

图 3-17 "设置标题对齐属性"运行结果

4. 设置/获取元素文本

"设置元素文本"命令可对界面元素的文本内容进行设定和修改，"获取元素文本"命令可获取界面元素的文本内容。

【例 3-4】继续上例，设置用户名为"张三"，密码为"123"，Email 地址为"zhangs@123.com.cn"，自我评价为"good"。

（1）步骤 16：添加"设置元素文本"命令，从界面中选择用户名输入框，更改"写入文本"为"张三"，设置"错误继续执行"为"是"，如图 3-18 所示。

图 3-18 "设置元素文本"命令设置

（2）步骤 17：添加"获取元素文本"命令，从界面中选择跟上一命令相同的界面元素，"错误继续执行"设置为"是"。添加"输出调试信息"命令，输出上一条命令的结果，如图 3-19 所示。

（3）步骤 18：运行"设置元素文本""获取元素文本""输出调试信息"命令，查看运行结果，如图 3-20 所示。

（4）步骤 19：参照步骤 16 至 18，设置密码为"123"，Email 地址为"zhangs@123.com.cn"，自我评价为"good"，并运行代码，查看运行结果，如图 3-21 所示。

（5）步骤 20：进行运行测试，运行"WQM 测试表单填写"流程块，查看运行结果。

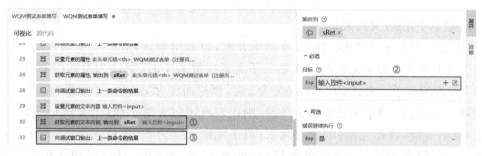

图 3-19　"获取元素文本"命令设置

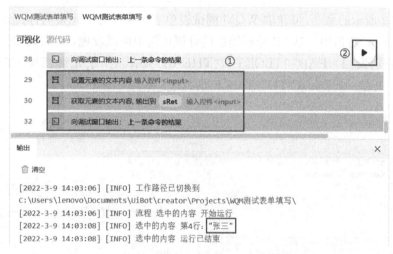

图 3-20　"设置用户名文本"运行结果

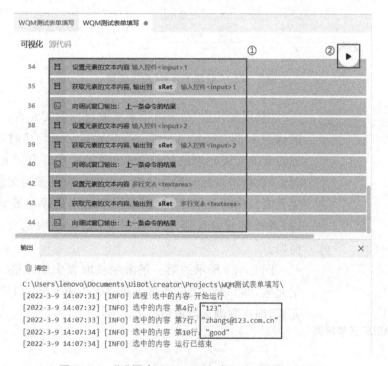

图 3-21　"设置密码、Email、自我评价文本"运行结果

5. 获取子元素/父元素

"获取子元素"命令获取当前元素的子元素,以数组形式返回。"子元素层级"属性可用于指定要获取的子元素的层级数。子元素层级为 1 时,默认为返回根节点元素下的第 1 级的所有子元素;当子元素层级为 2 时,则返回包含第 1 级(子元素)和第 2 级(孙元素)的所有元素;当子元素层级为 3 时,则代表返回包含第 1 级(子元素)、第 2 级(孙元素)及第 3 级(曾孙元素)的所有元素;当子元素层级为 4 时,依次类推;当子元素层级超出实际层级范围时,则与最末层级(即 0)的返回结果一样,返回其包含的所有层级。

图 3-22 所示的命令,可获取 WQM 测试表单 TABLE 的子元素与孙元素,并将其保存在 arrElement 数组中。从 UI 分析器中的可视化树中可以发现,该 TABLE 元素下有两个子元素,分别为"THEAD""TBODY","THEAD"又有一个子元素"TR"(TABLE 的孙元素),"TR"也有一个子元素"TH"(TABLE 的曾孙元素)(见图 3-23)。

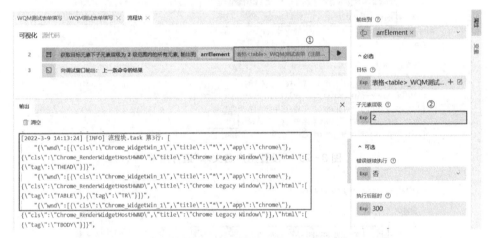

图 3-22 "获取子元素"命令设置

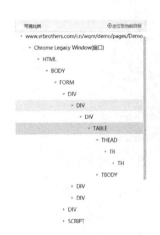

图 3-23 "TABLE"元素结构

"获取父元素"命令可用来获取目标的父元素。父元素层级默认为 1,即直接父级元素。当父元素层级为 2 时,获取指定目标元素的父级元素的父级元素(祖父元素);当父元素层级为 3 时,获取指定目标元素的父级元素的父级元素的父级元素(增祖父元素),以此类推;当父元素层级超出最顶层级元素(当前窗口)或者父元素层级小于等于 0 时,则获取的父元素为当前窗口。

图 3-24 所示的第一条命令获取表头单元格"TH"的唯一父元素,即"TR";第三条命令获取表头单元格"TH"的最顶级父元素,即谷歌浏览器窗口。

图 3-24　"获取父元素"命令设置

3.1.2　UI 分析器

UiBot 提供了一种自动的目标选取方式，以"鼠标"类别中的"点击目标"命令为例。假设存在一个如图 3-25 所示的简单流程，该流程只有一个"鼠标单击目标"命令，该命令有两种目标选取方式：从界面上选取以及从界面库中选取。单击"从界面上选取"，UiBot 的界面会暂时隐藏起来，出现一个红边蓝底的半透明遮罩，我们称之为"目标选择器"。鼠标移动到什么地方，这个目标选择器就出现在什么地方，直到我们单击鼠标左键，目标选择器消失，UiBot 的界面重新出现。在单击鼠标的时候，目标选择器所遮住的界面，就是我们选择的目标。

图 3-25　"鼠标点击目标"命令

一般而言，对于比较简单的界面，我们直接选择界面元素就够了。但是，有些界面特别复杂，有时候会包含了许许多多的界面元素，如图片、图标、文字，甚至还有浮在图片上面的文字。这些界面元素的特征各不相同，嵌套关系也错综复杂，稍不注意，就容易搞错。常见的目标选择错误有"错选"和"漏选"两类。所谓"错选"，是指选中了不该选择的元素。由于界面元素有时是嵌套的，真实目标和其父节点、子节点有时在界面上看起来完全是一致的，使用"目标选择器"选择目标元素时，可能会误定位到真实目标的父节点或者子节点。所谓漏选，是指应该选中的元素未能全部如期选中，可能选中了几个，也可能一个也没有选中。有些情况下，选择目标时，目标明明存在，但后面就没有了。为了更好地获取元素，更好地判断元素之间的架构，我们可以用到 UI 分析器。使用 UI 分析器，可以方便地查询界面元素及其特征,还能轻松地定位到父元素、子元素或兄弟元素。

3.1.3　无目标命令

虽然有目标命令具有操作简单的优点,但是总有一些界面是不支持目标命令的。为此,UiBot 提供了无目标命令。为了更好地理解无目标命令,我们首先需要理解一下 Windows 坐标系。Windows 操作系统中,屏幕上的每一个点都有一个唯一的坐标,坐标由两个整数组成,一个为 x,一个为 y。单位为像素。坐标的原点在屏幕的左上角,点 A {"x":200,"y":300}表示 x 值为 200,y 值为 300 的点。x 的值从屏幕的左边 0 开始,从左到右分别是 0,1,2,3……,以此类推。y 以屏幕上边为 0 开始,从上到下分别是 0,1,2,3……,以此类推。UiBot 用字典变量来保存屏幕上点的位置,假设用变量 pntA 保存点 A 的位置,则可以使用 pntA["x"]、pntA["y"]得到坐标 x、y 的值。

3.2　常用命令

常用命令是 UiBot 执行自动化任务的基础,涵盖浏览器操作、键盘鼠标模拟、数据抓取和图像处理等功能,为用户提供了全面的自动化解决方案。

3.2.1　浏览器与网页操作命令

浏览器与网页操作自动化命令在命令树的"软件自动化"—"浏览器"目录下。主要包括浏览器的操作与网页操作。

1. 启动新的浏览器、绑定浏览器

"启动新的浏览器""绑定浏览器"命令是浏览器与网页操作命令的起点。因为除这两个命令外的其他浏览器与网页操作命令,都有一个必选属性——浏览器对象。在执行这些命令时,我们首先需要通过"启动新的浏览器"命令或"绑定浏览器"命令获得一个浏览器对象。

"启动新的浏览器"命令可用于启动一个新的浏览器,命令运行成功会返回一个浏览器对象,失败返回 null。该命令有三个特殊的属性:"浏览器类型"可指定启动的浏览器,UiBot6.0 可以启动的浏览器类型包括 Internet Explorer、Google Chrome、Firefox、UiBot Browser、360 安全浏览器、Microsoft Edge(Chromium);"打开链接"可指定启动浏览器时打开的链接地址;"浏览器路径"可指定浏览器程序所在路径,当值为空字符串时,流程自动查找机器上安装的浏览器并尝试启动,默认为空字符串。图 3-26 所示的命令启动了 Google Chrome 浏览器,打开链接 http://www.baidu.com,并返回浏览器句柄字符串。

"绑定浏览器"命令可用于绑定一个已经打开的浏览器,命令成功返回浏览器对象,失败返回 null。图 3-27 所示命令绑定了图 3-26 已打开的浏览器,从运行结果可见,输出的浏览器句柄字符串与图 3-26 一致,说明为同一浏览器。

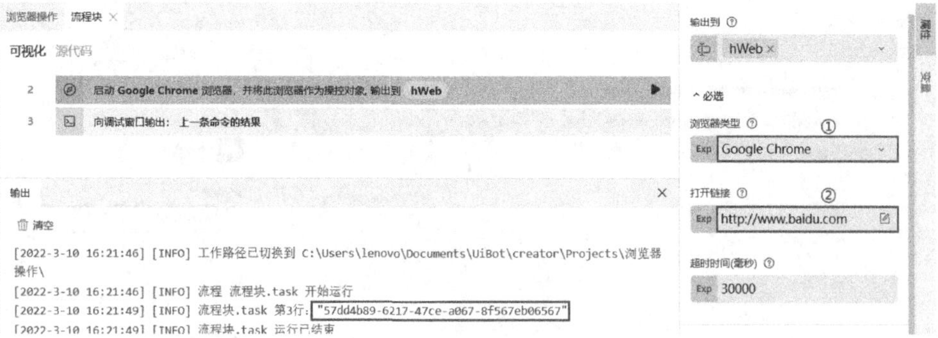

图3-26 "启动新的浏览器"命令设置

图3-27 "绑定浏览器"命令设置

2. 打开网页

"打开网页"命令可用于控制浏览器,打开指定网页,并将命令执行结果保存在变量中。"加载链接"属性可指定要打开的网页地址;"等待加载完成"可用来设置是否等待网页加载完毕后才返回,"是"则必须等页面加载完成或加载失败时才会继续后续操作,"否"则在开始加载页面后立刻返回,默认为"是";"元素检测"用于指定一个元素,当页面加载完后,该命令会判断是否存在指定的元素,不填写则不进行任何元素判断,如图3-28所示。

3.2.2 键盘鼠标命令

UiBot的键盘鼠标命令是实现自动化操作的重要工具,具体包括"点击目标""模拟点击""在目标钟输入""模拟拖动""模拟滚轮""获取鼠标位置"等。

1. 点击目标

"点击目标"命令的功能为指定鼠标单击的界面元素。该命令除有目标命令共有的

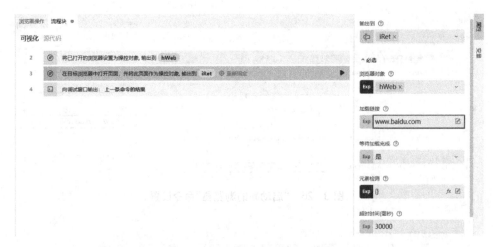

图 3-28　"打开网页"命令设置

"目标"这一必选属性外，还有另外三个必选属性："鼠标点击"指定鼠标点击哪个键，包括左键、中键、右键；"点击类型"包括单击、双击、按下、弹起；"超时时间"指定目标未找到引发异常之前，等待活动运行的时间量（以毫秒为单位）。

　　除了以上必选属性外，该命令还有一系列可选命令。"错误继续执行"指定当操作引发错误时，自动化是否继续；"执行前延时""执行后延时"分别指定执行操作前后的延时时间。"激活窗口"指定执行操作时是否先激活窗口，默认为"是"。"光标位置""横坐标偏移""纵坐标偏移"指定光标的位置。"光标位置"指定光标偏移量的起点，包括"中心""左上角""右上角""左下角""右下角"，默认为"中心"。"横坐标偏移""纵坐标偏移"分别指定光标位置的水平偏移和垂直偏移。"辅助按键"指定触发鼠标动作时，同时按下的键盘按键，包括 Alt、Ctrl、Shift、Win。这些辅助按键可以组合使用，如可以同时选择 Alt 与 Ctrl。"操作类型"包括"模拟操作""后台操作""系统消息"。"平滑移动"指定是否平滑移动鼠标，默认为"否"。

2. 在目标中输入

　　"在目标中输入"命令可在指定界面元素中输入文本。该命令的特殊属性包括："写入文本"指定要在界面元素中写入的文本；"清空原内容"指在写入文本之前是否清空输入框，默认为"是"；"键入间隔"仅在操作类型属性为"模拟操作"时生效，设定两次输入的时间间隔，默认设置为 20 毫秒，低于 20 毫秒时会自动转为 20 毫秒，间隔的值过小有可能导致输入时丢字，与机器性能有关；"验证写入文本"将"写入文本"属性内容与实际输入内容进行比较，内容相同继续运行，内容不同抛出异常；"输入前点击"属性设定找到目标后是否先单击目标再输入内容，默认为"否"。

　　图 3-29 所示命令，在文本框中输入了文本"张三"，并在输入前清空原内容。

3. 在目标中按键

　　"在目标中按键"命令可在指定界面元素中输入按键。其属性与"在目标中输入"命令类似，不同的是输入的是键盘上的一个键，比如 Enter。该命令也可有"辅助按键"，即触发按键动作的同时按下键盘按键，可以使用以下选项：Alt、Ctrl、Shift、Win。

图 3-29　"在目标中输入"命令属性设置

图 3-30 所示的命令可在提交按钮上输入 Enter 键。

图 3-30　"在目标中按键"命令属性设置

3.2.3　网页数据抓取

在工作中,我们常常需要从某个网页或某个表格中获得一组数据,比如在某保险公司网站看到保险产品的信息,想把产品名称、保费信息保存下来,但是网站没有提供数据导出功能,依次保存又很烦琐。UiBot 具有"数据抓取"功能,用一条命令,就可以将这些内容全部都出来,并放在数组中。

单击工具栏的"数据抓取"按钮,如图 3-31 所示。UiBot 会弹出一个交互引导式对话框,这个对话框将引导用户完成数据抓取操作。UiBot 目前支持四种程序的数据抓取:桌面程序表格、Java 表格、SAP 表格、网页。本章介绍网页数据抓取,抓取其他三种程序的数据,步骤类似。

图 3-31　数据抓取工具

需要注意的是,UiBot 并不会自动打开想要进行数据抓取的网页,因此在数据抓取之前,需要手动打开相关网页,或者通过"启动新的浏览器"命令打开相关网页。网页准备好后,即可以进行数据抓取。

此时,UiBot 会弹出提示框:"请选择层级一样的数据再抓一次"(如图 3-32 所示)。这是因为我们要抓取的数据是批量数据,必须找到这些批量数据的共同特征。第一次选取目标后,得到一个特征,但是仍然不知道哪些特征是所有目标的共同特征,哪些特征是第一个目标的个性特征。只有通过再选择一个层级一样的数据并抓取一次,这样才能保留所有目标的共性,去掉各个目标的个性特征。

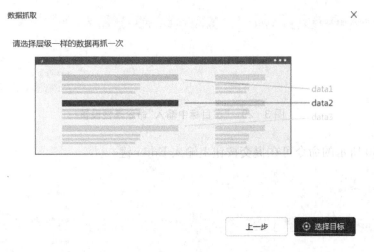

图 3-32 提示:请选择层级一样的数据再抓一次

例如,在抓取产品名称时,再次选择的产品,可以是第二个产品,也可以是第三个产品。但是,一定要保证第二次与第一次抓取的是同一个层级的目标。因为 Web 页面的层级有时候特别多,一个文本标签会嵌套数层目标。

两次目标均选择后,UiBot 会再次给出引导框,询问抓取的数据的类型,数据类型可以是文字或者链接,也可以两者均选。由于上文中我们选择的是 a 标签,可以同时抓取文字和链接,如图 3-33 所示。

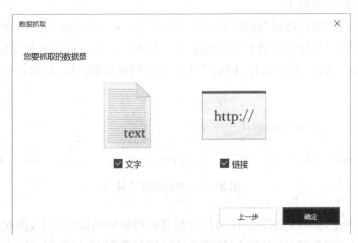

图 3-33 选择抓取数据类型

单击"确定"按钮,UiBot 会给出抓取结果的预览界面,如图 3-34 所示。通过该界面,可以查看数据抓取结果与期望是否一致:如果不一致,可以单击"上一步"按钮,重新开始数据抓取;如果想抓取更多列的数据,单击"抓取更多数据"按钮,UiBot 会再次弹出目标选择界面。

图 3 - 34　数据抓取结果预览

　　我们可以使用同样的方法抓取更多项数据。如果不需要抓取更多数据了,单击"下一步"按钮,此时会出现引导页面,询问"是否抓取翻页按钮获取更多数据?",如图 3 - 35 所示。如果把抓取的网页数据看成一张如预览所示的表格,前面的步骤增加的是表格的列数,这里的抓取翻页可以增加表格的行数。如果只需要抓取第一页数据,单击"完成"按钮即可;如果需要抓取后面几页的数据,单击"抓取翻页"按钮。

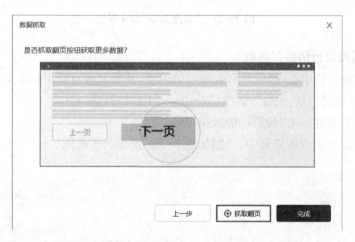

图 3 - 35　提示:是否抓取翻页按钮获取更多数据

　　单击"抓取翻页"按钮,会弹出"目标选择"引导框,选择网页页面中的"下一页"按钮,如图 3 - 36 所示。

图 3 - 36　抓取翻页

　　所有步骤完成后,UiBot 自动增加一条"数据抓取"命令,命令的各个属性均已通过引导框填写完毕。"抓取页数"属性指定抓取几页的数据;"返回结果数"属性限定最多返回多少结果数,−1 表示不限定数量;"翻页间隔(毫秒)"属性指定每融多少毫秒翻一次页。该命令将抓取到的数据保存在数组 arrayData 中。图 3−37 所示的命令抓取了 2 页数据,并在调试窗口输出抓取的数据以及数据条数。

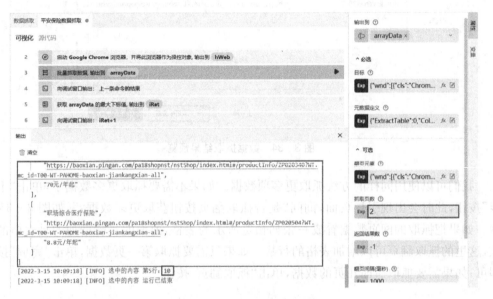

图 3−37 "数据抓取"命令属性

【例 3−5】股票行情数据抓取

打开某网站行情中心,抓取所有表格行情信息,并将其保存到 Excel 文件中,文件名的格式为"日期＋股票行情.xlsx",如"2022−02−24 股票行情.xlsx"。

(1) 步骤 1:新建一个"股票行情数据抓取"流程。

(2) 步骤 2:在流程图界面中,绘制如图 3−38 所示的流程图。

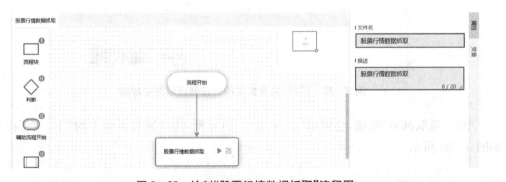

图 3−38 绘制"股票行情数据抓取"流程图

(3) 步骤 3:添加"启动新的浏览器"命令,将"打开链接"更改为"http://quote.eastmoney. com/center/boardlist. html? st＝ChangePercent&sortRule＝0♯industry_board"。"浏览器类型"设置为 Google Chrome,即用谷歌浏览器打开该链接,如图 3−39 所示。

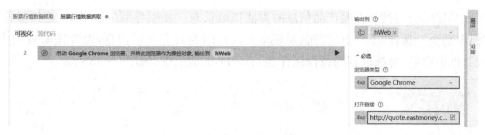

图 3 - 39　"启动新的浏览器"命令设置

（4）步骤 4：在工具栏中单击"数据抓取"，选择表格的某一个单元格为目标，如图 3 - 40
所示。在"检测到你选择的是一个表格，是否要抓取整个表格？"对话框中，单击"是"按钮，抓
取整个表格数据，在数据抓取预览中查看数据，如图 3 - 41 所示。如果点"否"，则可按上文

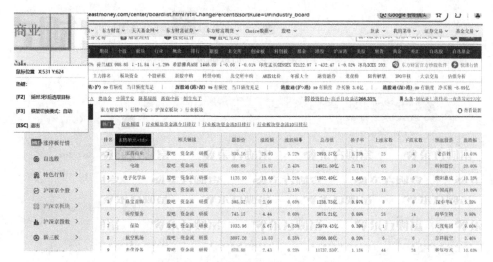

图 3 - 40　选择某一个单元格为目标

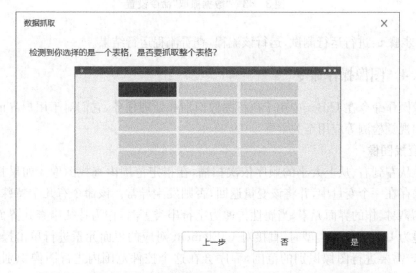

图 3 - 41　"检测到你选择的是一个表格，是否要抓取整个表格"提示

中抓取某保险公司网站保险产品信息的方法抓取信息。在引导框的引导下，继续操作，单击"抓取翻页"，选择"下一页"按钮（见图 3-42），因为共有 5 页信息，设置抓取页数为 5。完成数据抓取后，将抓取到的数据保存在 arrayData 数组中，如图 3-43 所示。

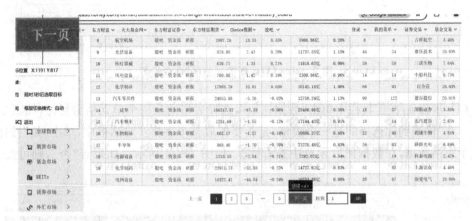

图 3-42　抓取翻页

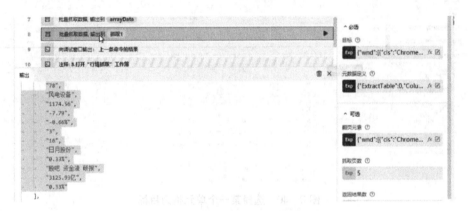

图 3-43　"数据抓取"命令设置

（5）步骤 5：进行运行测试，运行该流程，查看流程运行结果。

3.2.4　图像操作命令

图像操作命令在 UiBot 中用于执行图像识别和处理任务，它们对于用户界面测试、图像识别和视觉检测等应用至关重要。

1. 查找图像

按照从左到右、从上大小的顺序依次扫描，在指定范围内查找图像。如果找到，则把其坐标保存在一个变量中，并将该变量返回，否则发生异常。该命令有几个特殊属性："目标"指定需要操作的界面元素，当属性传递为字符串类型时，作为特征串查找界面元素，当属性传递为 UiElement 类型时，直接对 UiElement 对应的界面元素进行单击操作；"识别范围"限定需要进行图像识别的范围，程序会在这个控件范围内进行图像识别；"查找图片"指定要查找的图片路径，一般存放在@res 目录下，格式可以是 bmp、png、jpg 等，因为

png格式是无损压缩的，推荐使用png；"相似度"是一个0～1之间的数字，可以包含小数位，这个数字越接近1，UiBot在查找图像时，要求越严格，通常取0.9，表示允许出现一小部分不匹配的情况；"激活窗口"属性指定在找到图像之前，是否需要先把所查找的窗口放到前台显示，如果窗口被遮住了，即使窗口上有我们要找的图像，也无法正确找到，所以这个属性通常也设为"是"；"匹配方式"指定查找图像的匹配方式，"灰度匹配"速度快，但在极端情况下可能会匹配失败，"彩色匹配"相对"灰度匹配"更精准，但匹配速度稍慢；"匹配序号"是指匹配到多个目标时的序号，当找到多个图像时，序号按屏幕从左到右、从上到下依次递增，最靠近屏幕左上角的序号为1。

2. 判断图像是否存在、鼠标移动到图像上、点击图像

"判断图像是否存在"命令在指定范围内查找图像，成功返回True，失败返回False。其属性与"查找图像"命令相似。"鼠标移动到图像上"命令在指定范围内搜索图像并将鼠标指针移动到图像之上。"点击图像"命令在指定范围内搜索图像并单击它，它其实是"查找图像""模拟移动""模拟点击"三个命令的组合。以上三个命令的属性与"查找图像"命令类似。

3. 实用技巧

与有目标命令相比，无目标命令的使用依赖图像类命令，运行速度远远慢于有目标命令；有时受到遮挡的影响，即使只被遮挡了一部分，也可能受到很大影响；往往依赖图像文件，一旦图像文件丢失就不能正常运行；某些特殊的图像类命令必须连接互联网才能运行。针对这些缺点，在使用无目标命令时，注意以下技巧：

1）尽量缩小截取

截图时尽量截取较小的图像，只要能表达出所操作的界面的基本特征即可。选择较小的区域不仅会提高速度，而且也不容易受遮挡的影响。比如图3-44中的下一步按钮，没有必要像左图那样选择整个图片，只要像右图那样选择最关键的部分就可以了。

图3-44　"下一步"按钮图像截取

2）选择适当的"相似度"属性

"相似度"属性的初始值是0.9，如果设置过低，可能造成错选；如果设置过高，可能造成漏选。用户可以根据实际情况进行调整，并测试其效果，选择相似度的最佳值。

3）分辨率

流程运行的计算机与开发的计算机屏幕分辨率、缩放比例应尽量保持一致。因为在不同的屏幕分辨率和缩放比例下，软件界面的显示可能完全不一样，屏幕分辨率、缩放比例不一致可能会导致图像命令失效。

4）保存路径

图像文件尽量保存在res文件夹下，并用@res开头的相对路径来表示文件。当流程发布到 UiBot Worker 的时候,会自动带上这个文件夹。此外,无论 UiBot Worker 将该流程放到哪个路径下,都会自动修改@res 前缀所代表的路径,使其始终有效。

3.3 竞品抓取

竞品抓取是电商运营中的一项关键活动,它涉及收集和分析竞争对手的产品信息,以支持决策。在自动化流程中,RPA 技术被用来模拟人工操作,自动抓取电商平台上竞争产品的数据,如价格、店铺名称、销量、地址和产品链接等,并将这些数据整理到 Excel 表格中。

3.3.1 需求分析

作为电商店铺运营的必备环节,竞品分析首先需要确定要比较的商品,例如选择展现在第一页的同类商品,然后根据产品特性确定需要观察的数据,一般包括该产品的价格、店铺名称、付款人数、地址、标题链接等,并据此设计好 Excel 表格的框架。

运营人员打开电商平台(如天猫),选择某一竞品,观察其价格、店铺名称、付款人数、地址、标题链接等信息,并写入 Excel 表格。信息整合入 Excel 表格后,运营人员可据此进行比较,做出进一步的分析决策。

要想得到符合预期的竞品分析表,需要注意竞品的选择和商品观测指标的选取,在这一过程中,工作人员需要往复浏览并获取海量同类商品的具体信息,过程单一,费时费力。RPA 比价机器人的应用,能够极大减少重复工作,不仅提高效率而且减少错漏。

上述竞品分析步骤主要描述了对竞品信息的收集汇总,是一个客观重复的过程,要想进一步得出对运营决策有效的分析结果,还需与主观判断及经验相结合。

3.3.2 自动化流程设计

假设现在需要利用 RPA 机器人对某电商平台的手机品牌进行分析,"竞品分析"机器人的工作流程如图 3 - 45 所示。该流程用机器人替代人工,抓取各手机产品的有关信息,并自动在"同类产品对比. xlsx"中录入数据。这样既减少了机械性、重复性工作,也避免了人工操作中错误,有利于提升工作满意度。

根据前述需求分析,设计开发竞品分析机器人。本案例设计思路和开发流程如图 3 - 46、图 3 - 47、图 3 - 48 所示。

3.3.3 自动化流程实现

为了方便初学者学习,我们将对流程块进行拆分,本章节主要实现竞品抓取流程块的功能。该流程块的命令列表如表 3 - 1 所示。

图 3 - 45 "竞品分析"机器人工作流程

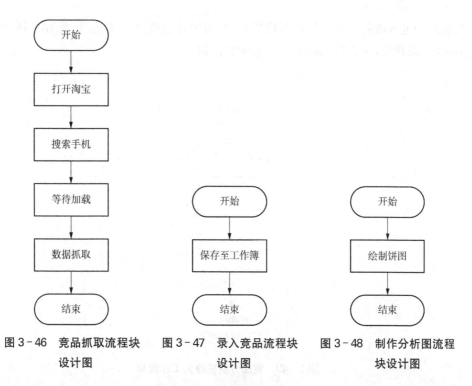

图 3-46　竞品抓取流程块　　图 3-47　录入竞品流程块　　图 3-48　制作分析图流程
　　　　　设计图　　　　　　　　　　　设计图　　　　　　　　　　块设计图

表 3-1　Web 端获取信息的命令

序号	流程描述	命令名称
1	打开某电商平台官网	
	在浏览器中打开网址	启动新的浏览器
	固定显示网页	更改窗口显示状态
	等待元素显示后进行下一步操作	等待元素
2	在网页搜索框中搜索"手机"	
	在搜索框中输入"手机"	在目标中输入
	单击搜索框后的搜索按钮	点击目标
	等待元素显示后进行下一步操作	等待元素
3	滚动搜索后所得页面	
	每间隔 1 秒滚动鼠标滚轮 20 次	从初始值开始按步长计数,模拟滚轮,延时
4	数据抓取	
	批量抓取所需数据	数据抓取

3.3.4　开发步骤

【准备】

新建流程。打开 UiBot Creator,新建竞品分析机器人流程,如图 3-49 所示。新建完

成,系统自动进入流程界面。依次新建流程块,编辑各流程块基本信息,保存文件,并编辑
"竞品抓取"流程块,单击"竞品抓取"旁的编辑按钮。

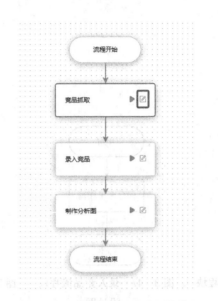

图 3-49 竞品分析机器人工作流程

【操作步骤】

1. 步骤 1:打开某电商平台官网

(1) 在浏览器中打开某电商平台官网。添加"启动新的浏览器"命令,在属性中更改浏
览器类型为 Google Chrome,设置"打开链接",如图 3-50 所示。

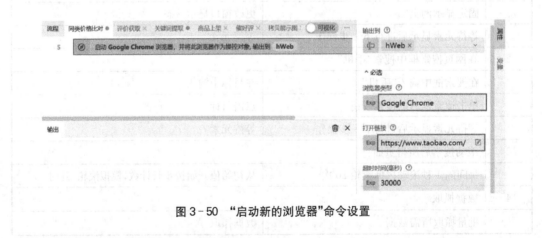

图 3-50 "启动新的浏览器"命令设置

(2) 固定显示网页。添加"更改窗口显示状态"命令,指定目标窗口为电商平台页面,
并设置显示状态为"最大化",如图 3-51 所示。

(3) 等待元素显示后进行下一步操作。添加"等待元素"命令,指定目标元素为搜索
框,并设置"等待方式"为"等待元素显示",如图 3-52 所示。

图3-51 "更改窗口显示状态"命令设置

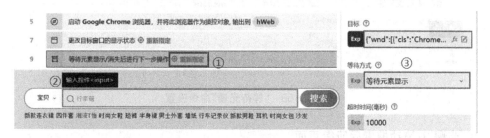

图3-52 "等待元素"命令设置

2. 步骤2:在网页搜索框中搜索"手机"

（1）在搜索框中输入"手机"。添加"在目标中输入"命令，更改"目标"元素为搜索框，"写入文本"为"手机"，如图3-53所示。

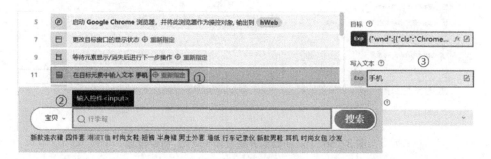

图3-53 "在目标中输入"命令设置

（2）单击搜索框后的"搜索"按钮。添加"点击目标"命令，设置单击的目标为搜索按钮，如图3-54所示。

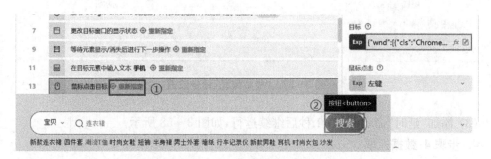

图3-54 "点击目标"命令设置

（3）等待元素显示后进行下一步操作。添加"等待元素"命令，指定"目标"元素为"综合排序"，并设置"等待方式"为"等待元素显示"，如图 3-55 所示。

图 3-55 "等待元素"命令设置

3. 步骤 3：滚动搜索后所得页面

每间隔 1 秒滚动鼠标滚轮 20 次（使数据加载完整）。

（1）添加"从初始值开始按步长计数"命令，更改"初始值"为"0"，"结束值"为"2"，"步进"为"1"，如图 3-56 所示。

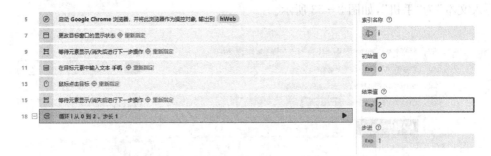

图 3-56 "从初始值开始按步长计数"命令设置

（2）添加"模拟滚轮"命令，设置滚动次数为 20 次，如图 3-57 所示。

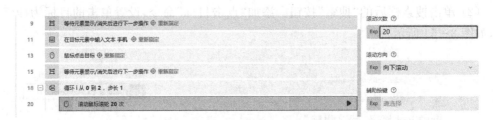

图 3-57 "模拟滚轮"命令设置

（3）添加"延时"命令，延时 1 秒后继续运行，如图 3-58 所示。

4. 步骤 4：数据抓取

批量抓取所需数据。添加"数据抓取"命令，批量抓取目标数据，如图 3-59 所示。

图 3-58　"延时"命令设置

图 3-59　"数据抓取"命令设置

（1）单击"数据抓取"。首先抓取来源信息，如图 3-60 所示。

图 3-60　单击"数据抓取"

（2）选择抓取价格。

（3）二次抓取确认范围。再抓取一次来源信息，让 UiBot 知道我们要抓取的是来源这一列的数据，如图 3-61 所示。

（4）选择抓取"文字"，单击"确定"，如图 3-62 所示。

（5）抓取价格，单击"抓取更多数据"，如图 3-63 所示。

（6）单击"选择目标"，如图 3-64 所示。

（7）价格抓取成功，再以相同操作抓取店铺名称、付款人数、地址、标题、链接，如图 3-65、图 3-66 所示。

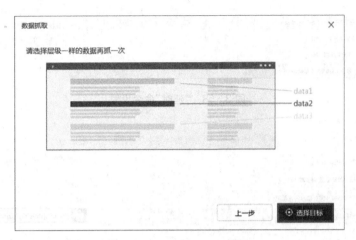

图 3-61　再抓取一次同层级数据

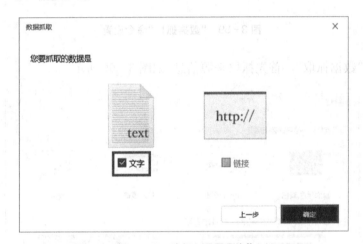

图 3-62　选择抓取"文字"

图 3-63　单击"抓取更多数据"

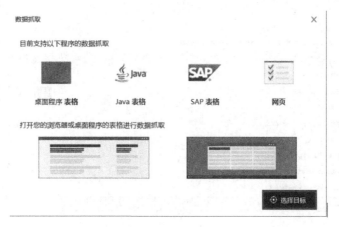

图 3 - 64　选择目标

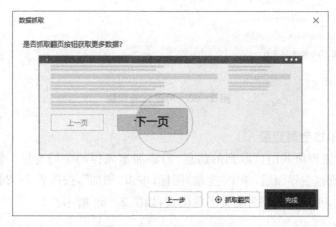

图 3 - 65　选择抓取其他信息

图 3 - 66　数据抓取完成

5. 步骤 5：商品信息赋值

添加"变量赋值"命令，在属性中更改"变量名"为"g_商品信息"，更改"变量值"为
"arrayData"，如图 3 - 67 所示。

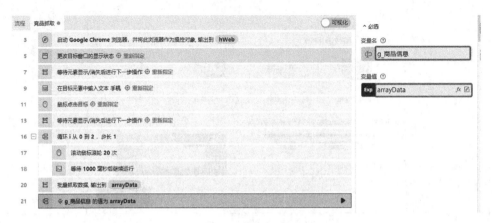

图 3-67 将数据传递至流程

6. 步骤 6：保存流程块

本流程块可视化代码全部完成，如图 3-68 所示。在当前流程开发界面，单击"保存"图标，保存本流程可视化代码。

图 3-68 可视化流程块

7. 步骤 7：添加全局变量

为方便后续流程块共用读取到的信息，需添加本流程的全局变量。保存流程块 1 的命令，并返回到流程主界面后，单击"变量"图标，单击"添加"，按照表 3-2 添加本流程块全局变量。需注意，变量的值都为英文半角模式，如图 3-69 所示。

表 3-2 UiBot 的系统变量

序号	变量名	使用方向	值
1	g_商品信息	无	""

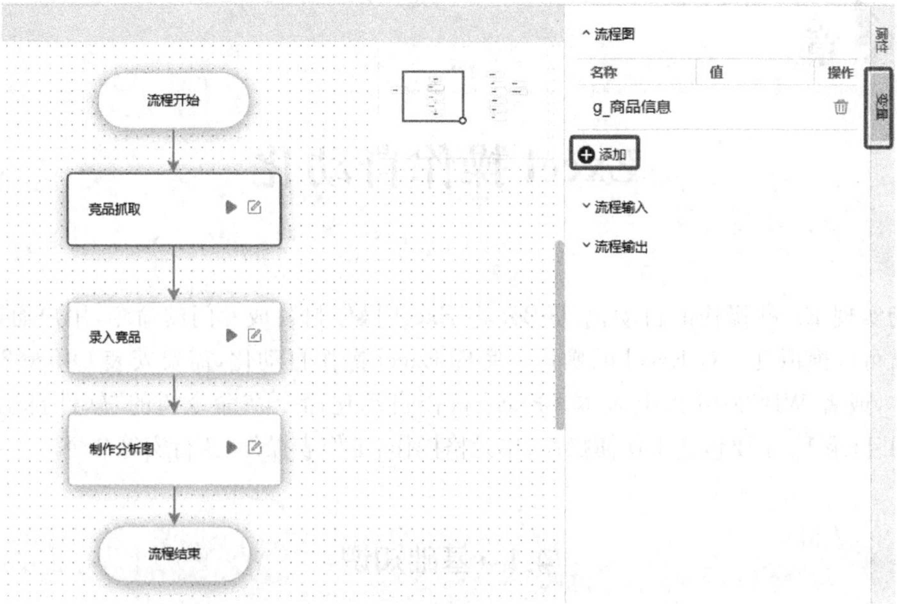

图 3-69　竞品分析机器人工作流程

第4章

Excel 操作自动化

为实现 Excel 操作的自动化，UiBot 将 Excel 操作封装成专门的命令，用户通过这些命令就可以模拟真人对 Excel 的操作。实现 Excel 操作自动化，需要安装 Office 2007 以上版本，或者 WPS2016 以上版本。Excel 操作自动化命令在命令树的"软件自动化"—"Excel"目录下，主要包括工作簿操作、单元格操作、工作表操作、执行宏等命令。

4.1 基础知识

Excel 是一款电子表格软件，也当前最常用、最流行的个人计算机数据处理软件之一。使用 Excel 软件，我们可以制作电子表格、完成复杂的数据计算，对数据进行检索、分类、筛选、排序等操作，进行数据分析与预测，绘制强大的数据图表等。

4.2 常用命令

常用命令是实现自动化操作的基础，其中工作簿、工作表和单元格操作命令是进行数据处理的关键工具。这些命令允许用户打开、编辑、保存和关闭工作簿，以及对工作表和单元格进行各种操作。

4.2.1 工作簿操作命令

用 UiBot 自动化操作 Excel 表格的时候，首先需要打开工作簿，后面对工作表或单元格的各种操作，都是针对某个已经打开的工作簿进行的。操作结束后，需要关闭已经打开的工作簿。

1. 打开 Excel 工作簿

"打开 Excel 工作簿"命令用于打开"文件路径"指定的一个 Excel 工作簿，返回一个工作簿对象。

"文件路径"属性指定了工作簿的文件路径，文件可以是.xls、.xlsx、.xlsm 等格式。这个路径可以是绝对路径，也可以是以@res 开头的相对路径。执行打开工作簿命令时，如果指定的工作簿文件存在，会对这个文件进行操作；如果指定的工作簿文件不存在，会自动创建一个空白的文件，并对这个新建的文件进行操作。

"是否可见"属性是一个布尔类型的属性。当选择"是"的时候,这条命令打开 Excel 软件,并且将这个工作簿显示出来;否则,可以在不显示 Excel 软件界面的情况下,仍然正常读取或修改这个工作簿的内容。

"输出到"属性填写一个变量名,该变量指代打开的工作簿,即"工作簿对象"。后面对工作簿进行读取、修改操作,需要将这个变量填入到相应命令的"工作簿对象"属性中,表明操作是针对这个工作簿进行的。

"打开方式"有 Excel 和 WPS 两个选项,用户可根据操作对象进行选择。"密码"与"编辑密码"对应 Excel 的"打开权限密码"与"修改权限密码"。

2. 关闭 Excel 工作簿

执行"打开 Excel 工作簿"命令,会自动启动一个 Excel 进程。为了节约计算资源,建议使用完工作簿后,关闭 Excel 工作簿。如果忘记了关闭,可以通过在"任务管理器"中关闭 Excel 进程来关闭工作簿。"关闭 Excel 工作簿"命令有两个属性,"工作簿对象"与"是否保存"。"工作簿对象"指定一个打开的工作簿;"是否保存"设置为"是"时,会在关闭 Excel 工作簿的同时,保存 Excel 工作簿,反之,不保存工作簿。

对于已经手动打开的 Excel 工作簿,我们可以通过"绑定 Excel 工作簿"命令进行访问。该命令有两个属性:"文件名"与"输出到"。"文件名"指定正在打开的文件,无需填写路径,只需要填写文件名。"输出到"应填写一个工作簿对象。

保存 Excel 工作簿包括两个命令——"保存 Excel 工作簿"和"另存 Excel 工作簿"。"保存 Excel 工作簿"保存指定的 Excel 工作簿,只有"工作簿对象"一个属性。"另存 Excel 工作簿"将指定的 Excel 工作簿另存为指定文件,有"工作簿对象"和"文件路径"两个属性。

4.2.2　单元格操作命令

单元格操作命令是执行 Excel 自动化任务的重要组成部分。这些命令使得用户能够精确地读取和修改 Excel 工作表中的数据,从而实现数据的自动化处理和分析。

1. 读取内容

读取内容指的是对 Excel 表格中的单元格、行、列、区域进行数据获取。

1) 读取单元格

"读取单元格"命令将单元格的内容读取到指定变量中。"读取单元格"命令包括四个属性:"工作簿对象""工作表""单元格""输出到"。"工作簿对象"指代处理的工作簿;"工作表""单元格"属性均默认填写字符串,"工作表"填写表名,"单元格"指定单元格在工作表中的位置。

Excel 工作表一般通过行号和列号来确定单元格的具体位置。行号通常用 1、2、3、4……的数字序列表示;列号通常用 A、B、C、D……的字母表示。比如 B3 表示第三行第二列的单元格。除了用这种方法外,UiBot 中单元格的位置还可以用数组来表示。比如 B3 单元格,可表示为[3,2],数组的第一个元素表示行数、第二个元素表示列数。

"输出到"命令将从单元格读取到的数据保存到指定的变量中。"显示即可见"属性决定该变量的数据类型。如果为"是",所有单元格中的数据为字符串型;如果为"否",该变量的数据类型由单元格中数据的类型来确定。如果单元格中的数据为字符串，那么该变量就是字符串；如果单元格中的数据为数值型，那么该变量就是数值型。

如图 4-1、图 4-2 所示，"读取单元格"流程读取了 A2、B2、C2、D2 单元的数据，并在调试窗口输出。从运行结果可见，A2、B2 读取的是字符串、C2 读取的是一个时间数据，D2 读取的是一个数值型数据。

	A	B	C	D
1	营业网点	经理姓名	设立日期	7月销售额
2	网点一	张平	2001/1/1	120
3	网点二	李未	2002/2/3	90
4	网点三	王茜	2001/3/1	85

图 4-1 "练习.xlsx"工作簿文件的 Sheet1 工作表

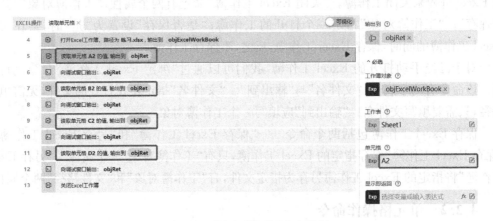

图 4-2 "读取单元格"命令设置

2) 读取区域

"读取区域"命令读取一个工作表中指定区域多个单元格的数据。与"读取单元格"命令相比，"工作簿对象""工作表"这两个属性完全一致，可以指定读取哪个工作簿的哪个工作表。"区域"属性同样采用字符串形式，"A2:D4"表示读取是左上角 A2 单元格到右下角 D4 单元格，共计 12 个单元格的数据。同样，可以用二维数组的形式表示单元格的位置。[[2,1],[4,4]]表示从第 2 行第 1 列到第 4 行第 4 列区域的数据，与"A2:D4"选定的区域一致。由于"读取区域"命令读取的是一个区域数据，其返回值是一个二维数组。

图 4-3 所示的命令读取了"练习.xlsx"工作簿文件 Sheet1 工作表 A2 单元格至 D4 单元格的数据，从运行结果可见，其返回值是一个二维数组。

3) 读取行、读取列

"读取行"命令读取一个工作表某一行中从指定单元格开始的多个单元格的数据。"读取列"命令读取一个工作表某一列中从指定单元格开始的多个单元格的数据。"读取行""读取列"命令的属性设置与"读取单元格"一致，其返回值是一个一维数组。

例如，在图 4-4 所示的流程中，"读取行"命令读取"练习.xlsx"工作簿 Sheet1 工作表

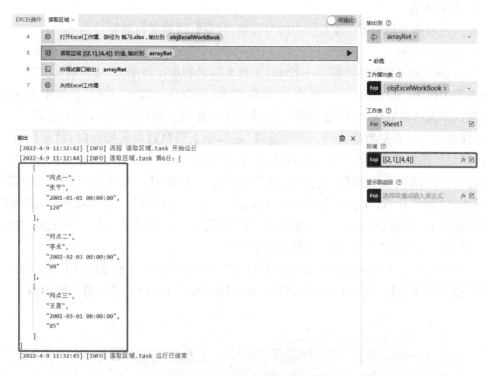

图 4-3　"读取区域"命令设置

B2 单元格开始的行的值,返回一个有 3 个元素的一维数组;"读取列"命令读取"练习.
xlsx"工作簿 Sheet1 工作表 A1 单元格开始的列的值,返回一个有 4 个元素的一维数组。

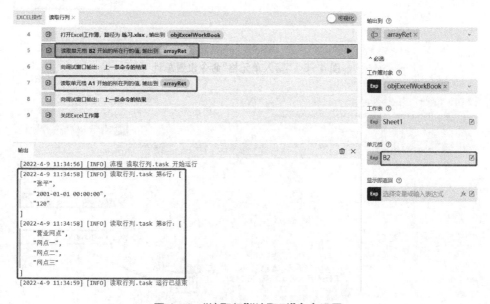

图 4-4　"读取行""读取列"命令设置

2. 写入内容

写入内容指的是对 Excel 表格中的单元格、行、列、区域进行数据写入。

1）写入单元格

"写入单元格"命令将数据写入 Excel 工作表指定的单元格中。"写入单元格"的"工作簿对象""工作表""单元格"三个属性与"读取单元格"命令一致。"数据"属性中填入的是即将写入单元格的数据，可以是数据常量、字符串常量，也可以是变量或者表达式。"立即保存"属性是一个布尔类型的值。如果选择"是"，那么当执行写入操作时，数据会被立即保存，就好比我们手动修改 Excel 文件内容后，立即按"Ctrl＋S"组合键进行保存一样；而如果选择"否"，那么写入操作不会被立即保存，除非单独调用一次"保存 Excel 工作簿"命令，或者在"关闭 Excel 工作簿"命令的"立即保存"属性选择"是"。这两种方法效果相同，都可以保存 Excel 修改的内容。一般而言，因为每写入一次就保存一次，效率较低，建议将"写入单元格"命令的"立即保存"属性设置为"否"。

图 4－5、图 4－6 所示的命令在"练习.xlsx"工作簿 Sheet1 工作表的 F1 单元格，写入"总计"；在 F2 单元格，写入 Excel 公式"＝sum(D2:D4)"，Excel 自动计算公式的值。

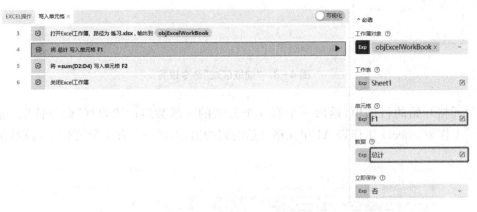

图 4－5　"写入单元格"命令设置总计

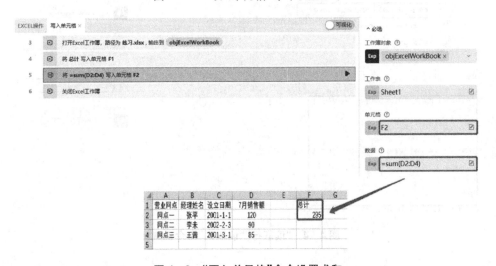

图 4－6　"写入单元格"命令设置求和

2）写入区域

"写入区域"命令将数据写入 Excel 工作表中从开始单元格开始的区域。该命令中"工作簿对象""工作表""立即保存"三个属性的含义与"写入单元格"命令一致。"开始单元格"指定数据写入的开始位置。"数据"属性应写入一个二维数组。

图 4-7、图 4-8 所示的"写入区域"命令在"练习. xlsx"工作簿的 Sheet1 工作表中从 A5 开始的位置插入两条记录。

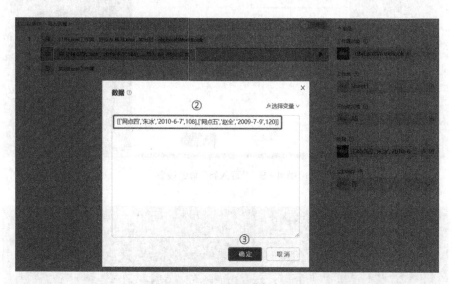

图 4-7　"写入区域"命令设置

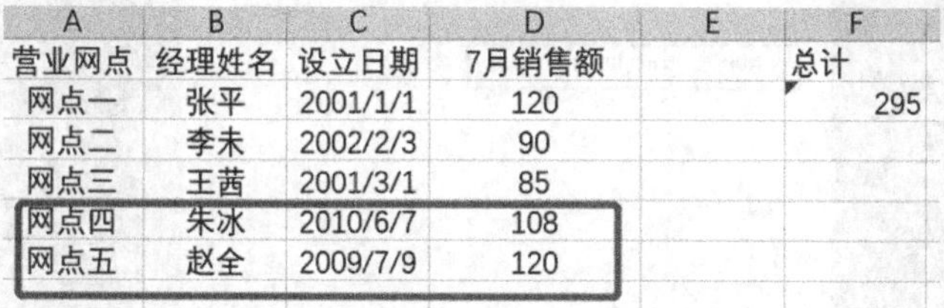

A	B	C	D	E	F
营业网点	经理姓名	设立日期	7月销售额		总计
网点一	张平	2001/1/1	120		295
网点二	李未	2002/2/3	90		
网点三	王茜	2001/3/1	85		
网点四	朱冰	2010/6/7	108		
网点五	赵全	2009/7/9	120		

图 4-8　"写入单元格"命令结果

3）写入行、写入列

"写入行""写入列"命令分别将数据写入 Excel 工作表中从开始单元格开始的行或列。"数据"属性应填入一个一维数组。

图 4-9、图 4-10 所示的"写入行"命令在"练习. xlsx"工作簿的 Sheet1 工作表中 A7 开始的位置写入一行，"写入列"命令在"练习. xlsx"工作簿的 Sheet1 工作表中 E1 开始的位置写入一列。其执行结果如图 4-11 所示。

3. 其他

"获取行数""获取列数"命令分别返回工作表中有数据的行总数、列总数。如图 4-12 所示的"获取行数""获取列数"命令返回"练习. xlsx"工作簿 Sheet1 工作表有数据的行总数为 4，列总数也为 4。

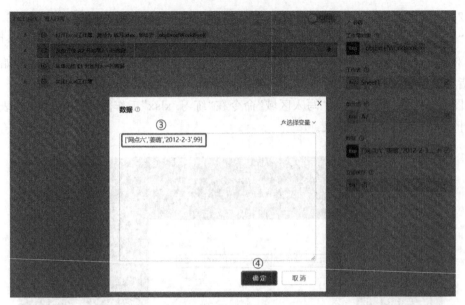

图4-9 "写入行"命令设置

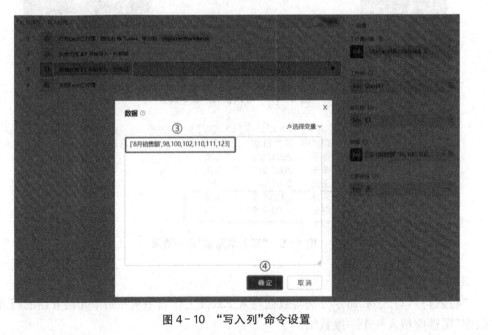

图4-10 "写入列"命令设置

营业网点	经理姓名	设立日期	7月销售额	8月销售额	总计
网点一	张平	2001/1/1	120	98	295
网点二	李未	2002/2/3	90	100	
网点三	王茜	2001/3/1	85	102	
网点四	朱冰	2010/6/7	108	110	
网点五	赵全	2009/7/9	120	111	
网点六	姜璐	2012/2/3	99	123	

图4-11 "写入行""写入列"命令结果

图 4-12　"获取行数""获取列数"命令设置

【例 4-1】部门工作簿汇总

人力资源部小刘需要把所有部门的员工信息汇总到一张表格中,以进行员工信息管理。

1. 步骤 1:获取"员工信息"文件夹中文件信息

(1)添加"获取文件或文件夹列表"命令,在属性中将"路径"更改为"员工信息",如图 4-13 所示。

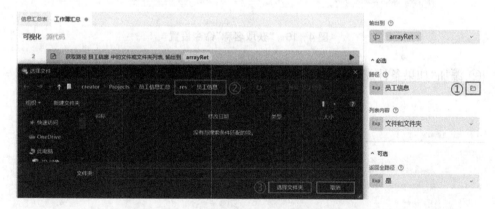

图 4-13　"获取文件或文件夹列表"命令设置

(2)添加"变量赋值"命令,设置变量名为"i",变量值为"1"。变量 i 用来记录序号数,如图 4-14 所示。

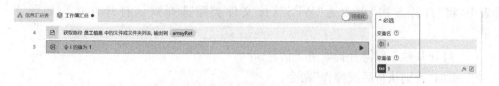

图 4-14　"变量赋值"命令设置

2. 步骤 2:获取工作簿信息

（1）添加"依次读取数组中每个元素"命令，依次对文件夹中每个文件进行处理，如图 4-15 所示。

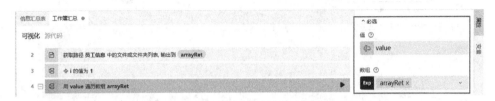

图 4-15　"依次读取数组中每个元素"命令设置

（2）打开汇总表。

① 添加"获取名称"命令，点亮 Exp，将路径更改为"value"，放入变量 sNmae 中。进行用名称判断，把非信息汇总表打开，读取信息并填入信息汇总表，如图 4-16 所示。

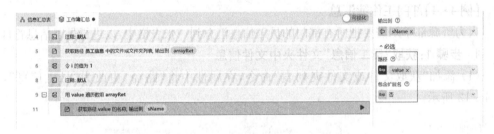

图 4-16　"获取名称"命令设置

② 添加"如果条件成立"命令，判断表达式更改为 sName="信息汇总表"，如图 4-17 所示。

图 4-17　"如果条件成立"命令设置

③ 添加"打开 Excel 工作簿"命令，点亮 Exp，将路径更改为"value"，放入变量信息汇总表中，将"打开方式"更改为"WPS"（按文件类型选择默认打开方式），如图 4-18 所示。

（3）打开其他工作簿并提取员工信息。

① 添加"否则执行后续操作"命令。

② 添加"打开 Excel 工作簿"命令，点亮 Exp，将"文件路径"更改为"value"，将"打开方

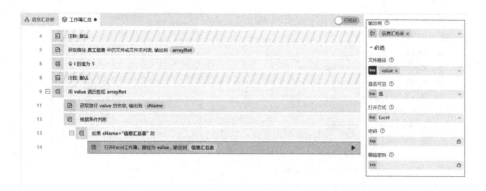

图 4-18 "打开 Excel 工作簿"命令设置

式"更改为"WPS"(按文件类型选择默认打开方式)。将非汇总表的其他表格依次打开,提取信息并放入变量中,以便后面调用,如图 4-19 所示。

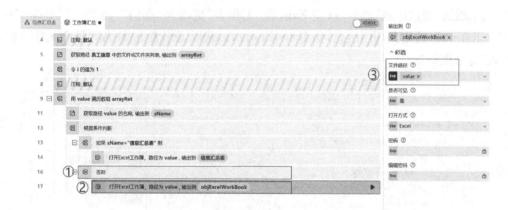

图 4-19 "否则执行后续操作""打开 Excel 工作簿"命令设置

③ 添加"获取当前工作表"命令,将当前工作表名称放入变量部门中,如图 4-20 所示。

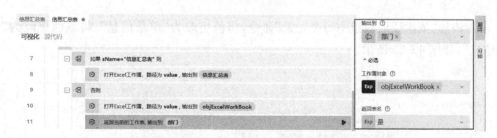

图 4-20 "获取当前工作表"命令设置

④ 添加"获取行数"命令,点亮 Exp,将"工作表"更改为"部门"。提取部门工作表的有数据的总行数,如图 4-21 所示。

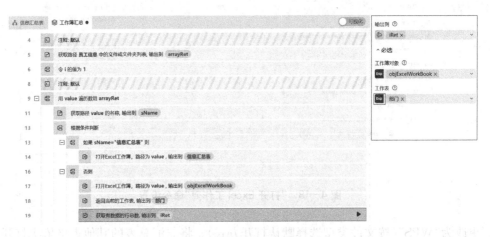

图 4 - 21 "获取行数"命令设置

⑤ 添加"读取区域"命令,点亮 Exp,将"工作表"更改为"部门"、将"区域"更改""B3:D"&iRet - 2",输出到部门信息,如图 4 - 22 所示。获取工作表中"姓名""身份证号""联系方式"等数据信息。

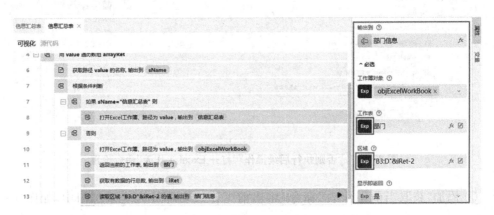

图 4 - 22 "读取区域"命令设置

⑥ 添加"依次读取数组中每个元素"命令,将值更改为"单条信息",将数值更改为"部门信息",如图 4 - 23 所示。

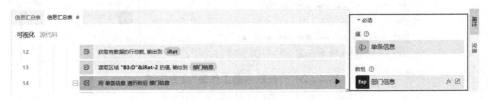

图 4 - 23 "依次读取数组中每个元素"命令设置

⑦ 添加"在数组头部添加元素"命令,输出到单条信息,将目标数组更改为"单条信

息",将"添加元素"更改为"i",如图 4-24 所示。此步骤添加序号。

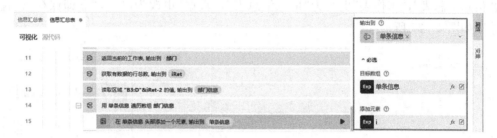

图 4-24 "在数组头部添加元素"命令设置

⑧ 添加"在数组尾部添加元素"命令,输出到单条信息,将"目标数组"更改为"单条信息",将"添加元素"更改为"部门",如图 4-25 所示。此步骤添加部门信息。

图 4-25 "在数组尾部添加元素"命令设置

3. 步骤 3:将汇总信息写入信息汇总表

(1) 依次写入一行信息。

① 添加"写入行"命令,点亮 Exp,将"单元格"更改为""A"&i+2","工作簿对象"设置为"信息汇总表","工作表"更改为"人力资源部","数据"设置为"单条信息","立即保存"设置为"是",如图 4-26 所示。

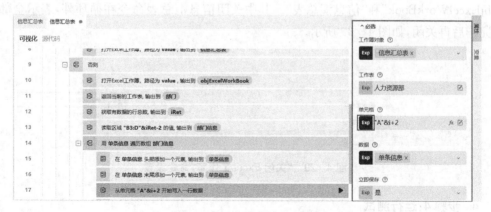

图 4-26 "写入行"命令设置

② 添加"插入行"命令,点亮 Exp,将"单元格"更改为""A"&i+3","工作簿对象"更改为"信息汇总表","工作表"更改为"信息汇总表","数据"更改为[""],"立即保存"设置为"是",如图 4-27 所示。

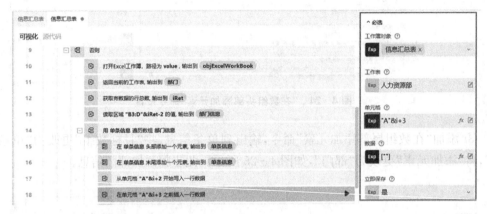

图 4-27 "插入行"命令设置

（2）添加"变量赋值"命令,"变量名"更改为"i","变量值"更改为"i+1"。令 i 依次递增,以达到序号累计,如图 4-28 所示。

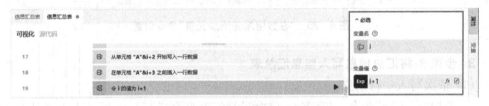

图 4-28 "变量赋值"命令设置

（3）添加两条"关闭 Excel 工作簿"命令。"工作簿对象"分别设置为"objExcelWorkBook"和"信息汇总表"。其中关闭信息汇总表命令在循环外,表示全部操作完毕后再关闭,如图 4-29 所示。

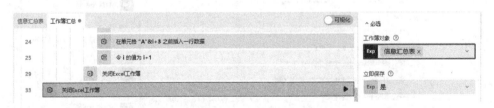

图 4-29 "关闭 Excel 工作簿"命令设置

4. 步骤 4:运行测试

查看流程运行结果,如图 4-30 所示。

	A	B	C	D	E
1			员工信息汇总表		
2	序号	姓名	身份证号	联系方式	部门
3	1	李天天	320220199506268999	18999092890	制造部
4	2	李梦	367406198505238393	18909309204	制造部
5	3	刘帅	430405199405157890	17839208493	财务部
6	4	张婉	430105199209163357	13988900967	财务部
7	5	张山	430401198901038878	18928398989	财务部
8	6	王佳佳	430203199508037839	18909309204	销售部

人力资源部

图 4-30　"关闭 Excel 工作簿"命令设置

4.2.3　工作表操作命令

在 Excel 自动化处理中,工作表的操作是至关重要的一环。通过 UiBot,我们可以高效地对工作表进行各种编辑和管理操作。

1. 编辑工作表

编辑工作表的相关命令包括"创建工作表""复制工作表""激活工作表""删除工作表""重命名工作表"。

"创建工作表"命令在当前激活的工作表"之前"或"之后",创建一个新的工作表,并在创建完成后激活此工作表。该命令中的"新表名"属性,指定新工作表的名称;"插入参照表"属性指定在参照表"之前"或"之后"插入新工作表;"立即保存"属性表示操作后是否立即保存。

"激活工作表"命令激活指定的工作表。该命令中的"工作表"属性如果使用字符串,则表示指定工作表的名字;使用数字,则表示指定工作表的顺序(从 0 开始)。

2. 获取工作表信息

获取工作表信息的相关命令包括"获取当前工作表"和"获取所有工作表名"。

"获取当前工作表"获取指定工作簿下已经激活的工作表。"返回表名"属性为"是"时,返回激活工作表的表名;为"否"时,返回激活工作表的顺序。

图 4-31 所示的"获取当前工作表"命令获取"练习.xlsx"工作簿当前激活的工作表,设置"返回表名"为"否",故命令返回值为"0",表示工作簿中的第一个工作表。

"获取所有工作表名"获取指定工作簿下所有工作表名,并返回一个数组。

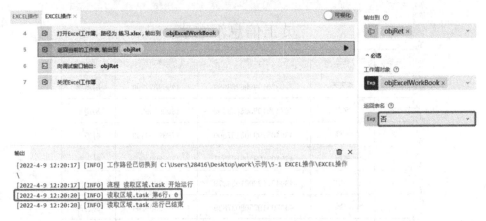

图 4-31 "获取当前工作表"命令设置

4.3 录入竞品

本节将介绍如何使用 UiBot 自动化工具将竞品数据高效地录入 Excel 工作簿,以便后续分析和比较。

1. 需求分析

我们已经获取了竞品数据,现在需要将数据存入 Excel 工作簿中。

2. 自动化流程设计

在自动化流程设计阶段,我们的目标是创建一个高效的工作流程,用 UiBot 将抓取的信息写入 Excel 表格中。

3. 自动化流程实现

针对以上录入竞品流程块,在 UiBot 中,采用一个"录入竞品机器人"流程块来实现其功能。该流程块的命令如表 4-1 所示。

表 4-1 录入数据机器人的命令

流程描述	命令名称
保存至工作簿"同类产品对比. xlsx"	
打开工作簿"同类产品对比. xlsx"	打开 Excel 工作簿
从单元格 A1 开始写入价格、店铺名称、付款人数、地址、标题、链接的数据	写入行
从单元格 A2 开始写入批量抓取到的数据	写入区域

4. 开发步骤

【准备】

（1）关闭当前界面，返回到主页。打开对应的文件夹路径，如图4-32所示。

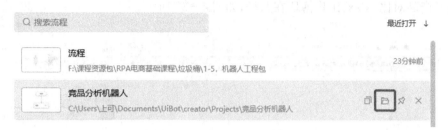

图4-32 关闭当前界面

（2）将源文件"同类产品对比.xlsx"工作簿存放至机器人工程文件res文件夹下，如图4-33所示。

图4-33 放至 res 文件夹下

（3）编辑录入竞品流程块，单击录入竞品旁编辑按钮，如图4-34所示。

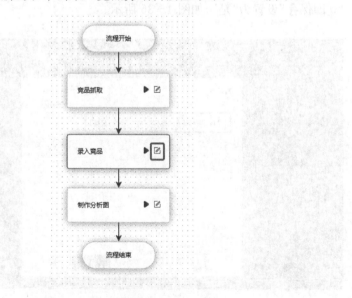

图4-34 竞品分析机器人工作流程

【操作步骤】

1) 步骤1:保存至工作簿"同类产品对比. xlsx"

(1) 打开工作簿"同类产品对比. xlsx"。添加"打开Excel工作簿"命令,设置文件路径为"同类产品对比. xlsx"工作簿所在路径,如图4-35所示。

图4-35 "打开Excel工作簿"命令设置

(2) 从单元格A1开始写入价格、店铺名称、付款人数、地址、标题、链接的数据。添加"写入行"命令,从单元格A1开始写入数据,包括价格、店铺名称、付款人数、地址、标题和链接,"立即保存"设置为"是",如图4-36所示。

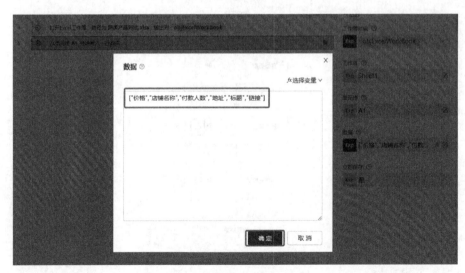

图4-36 "写入行"命令设置

(3) 从单元格A2开始写入批量抓取到的数据。添加"写入区域"命令,"开始单元格"更改为"A2","数据"设置为批量抓取到的数据"g_商品信息","立即保存"设置为"是",如

图 4 - 37 所示。

图 4 - 37　"写入区域"命令设置

2) 步骤 2:保存流程块

本流程块可视化代码全部完成后(见图 4 - 38),在当前流程开发界面,单击"保存"图标,保存本流程可视化代码。

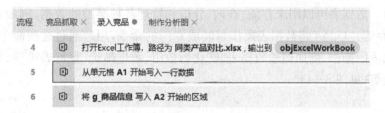

图 4 - 38　录入数据完成

3) 步骤 3:运行流程

单击"运行全流程",查看效果,如图 4 - 39 所示。

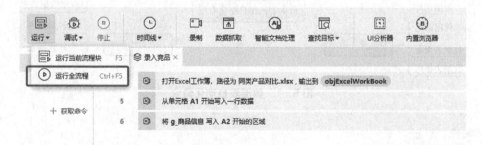

图 4 - 39　运行全流程

第5章

数据表操作自动化

数据表操作自动化涉及使用 UiBot 命令来执行数据表的创建、查询、编辑和分析等任务。通过这些命令,用户能够高效地处理数据,例如构建数据表、筛选数据、排序、合并数据表以及数据表与数组间的转换,实现数据处理流程的自动化。

5.1 基础知识

数据表作为一种数据结构,是由一组有序的列和行组成的二维表格,其主要用于存储和组织数据。每一行代表一条记录,每一列代表一个数据字段,每个单元格中存储一个特定的数据值。数据表可以用来存储、查询、分析和管理各种类型的数据,例如客户信息、销售记录、库存等。UiBot 将数据表操作封装成专门的命令,用户通过这些命令就可以模拟真人对数据表的操作,例如构建数据表、转化为数组、数据筛选、数据表排序、选择数据列、合并数据表等(见图 5-1)。

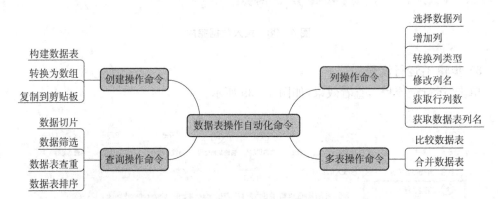

图 5-1　数据表自动化命令

5.2 常用命令

数据表操作自动化涉及以下关键命令的使用,以便在 UiBot 中高效地创建、查询和处理数据表。

1. 创建操作命令

用 UiBot 对数据表进行自动化操作的时候,首先需要构建一个数据表,因为后面进行的各种操作,针对的都是构建完成的数据表。自动化操作结束后,需要将数据表转换为数组或者复制到剪贴板。

"构建数据表"命令用于创建数据表类型的网格虚拟表,返回一个 Data Table 对象。"构建数据"属性填写要改造的数据,一般是一个二维数组,可以从 Excel 读取或者使用数据抓取功能进行抓取。"表格列头"属性填写一个数据表的列头。"输出到"属性填写一个变量名,该变量指 Data Table 对象。后面对数据表进行的查询操作、列操作,需要将这个变量填入相应命令的"源数据表"属性中,表明操作是针对这个数据表进行的。

2. 查询操作命令

"数据筛选"命令使用表达式对数据表的数据进行筛选,返回一个 Data Table 对象。"数据表"属性选择一个数据表作为数据来源。"筛选条件"属性包含列头以及条件要求,如 column. str. contains(' Laiye RPA ') and column1＞1,代表列' column '包含' Laiye RPA ',并且列' column1 '大于 1 的行数据。

"数据表去重"命令去除数据表中重复的行。"源数据表"属性选择一个数据表作为数据来源。"去重的列"属性选择需要去重并且保留的列,可选择多列。"重复保留"属性选择保留重复值中第一行的数据或者保留重复值中最后一行的数据。

"数据表排序"命令对数据表的指定列进行排序。"源数据表"属性选择一个数据表作为数据来源。"排序列"属性填入需要排序的数据列头,多列排序使用数组,填入["列 1 ","列 2 ","列 3 "]则同时排序列头为"列 1 ","列 2 ","列 3 "的列。"升降排序"属性选择是否进行升序排序,选择"是"则进行升序排序;选择"否"则进行降序排序。

【例 5 - 1】数据排序筛选,只提取表 5 - 1 中总价前两个的饮料的名称、数量、总额。

表 5 - 1　UiBot 的系统变量

名称	数量	单价	总额
可乐	16	3	48
雪碧	25	3	75
橙汁	9	3.5	31.5
牛奶	15	5	75

(1) 步骤 1:新建一个流程,名称为"数据排序筛选"。

(2) 步骤 2:在流程图界面,绘制流程图。

(3) 步骤 3:使用"构建数据表"命令,新构建一张数据表,如图 5 - 2 所示。

(4) 步骤 4:使用"数据切片"命令,对数据进行筛选,如图 5 - 3 所示。

(5) 步骤 5:使用"数据表排序"命令,对数据表进行排序,如图 5 - 4 所示。

图 5-2　新建数据表

图 5-3　对数据表进行筛选

图 5-4　对数据表进行排序

（6）步骤 6：使用"转换为数组"命令，将排序好的数据表转换为数组，如图 5-5 所示。

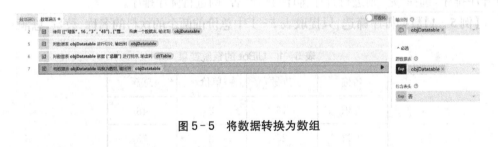

图 5-5　将数据转换为数组

（7）步骤 7：添加"输出调试信息"命令，进行测试，如图 5-6 所示。

图 5-6　添加输出调试信息

（8）步骤 8：运行测试，运行流程块，查看运行结果，如图 5-7 所示。

```
[2023-9-12 15:41:10] [INFO] 工作路径已切换到 C:\Users\19077\Documents\UiBot\creator\Projects\数组遍历\
[2023-9-12 15:41:10] [INFO] 流程 数组遍历.task 开始运行
[2023-9-12 15:41:10] [INFO] 数组遍历.task 第8行: [
    [
        "可乐",
        16,
        "48"
    ],
    [
        "雪碧",
        25,
        "75"
    ],
    [
        "橙汁",
        9,
        "31.5"
    ],
    [
        "牛奶",
        15,
        "75"
    ]
]
[2023-9-12 15:41:10] [INFO] 数组遍历.task 运行已结束
```

图 5-7 "数据排序筛选"运行结果

3. 多表操作命令

"合并数据表"命令将两个数据表按照指定的连接方式合并。"左表"属性填入要合并的数据表 1。"右表"属性填入要合并的数据表 2。"连接方式"属性填入连接方式,共有四种连接方式,分别为左连接、右连接、内连接以及外连接。"左表列"属性表示左表用来作为合并依据的列名。"右表列"属性表示右表用来作为合并依据的列名。"是否进行排序"属性设置为 true 表示合并时会根据给定的列值先进行排序后再输出。

【例 5-2】合并师配表,将各院系师资储备报表进行整合,放入汇总表。

(1) 步骤 1:新建一个流程,名称为"合并师配表"。

(2) 步骤 2:在流程图界面,绘制流程图。

(3) 步骤 3:添加"变量赋值"命令,对分表进行一个空数值的赋值,如图 5-8 所示。

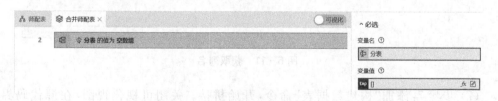

图 5-8 "变量赋值"命令设置

(4) 步骤 4:添加"打开 Excel 工作簿"命令,把源文件放到 res 下面(构建左表)。打开师资配备汇总表,如图 5-9 所示。

图 5-9 打开师资配备汇总表

（5）步骤 5：添加"读取区域"命令，读取数据表，如图 5-10 所示。

图 5-10 读取师资配备汇总表数据

（6）步骤 6：添加"读取行"命令，读取数据表，获取列名，如图 5-11 所示。

图 5-11 获取列名

（7）步骤 7：添加"构建数据表"命令，开始拼接。关闭可视化视图，在源代码界面 objectDatatable 前加上"汇总"用于区分，如图 5-12 所示。

（8）步骤 8：添加"数据切片"命令，删除空行，如图 5-13 所示。

（9）步骤 9：添加"获取文件夹列表"命令，获取二级学院文件夹中的三个文件，将数据合并，如图 5-14 所示。

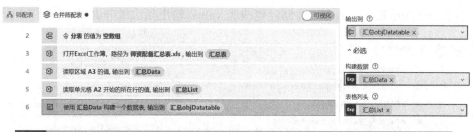

$$\text{汇总objDatatable} = \text{Datatable.BuildDataTable(汇总Data,汇总List)}$$

图 5-12 构建数据表

图 5-13 删除空行

图 5-14 获取文件夹下所有文件

（10）步骤 10：添加"依次读取数组"命令，将二级页面文件夹依次打开，输出到 value，如图 5-15 所示。

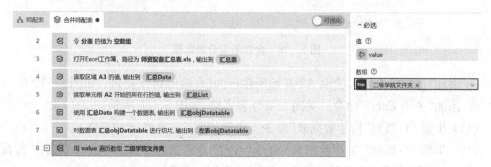

图 5-15 遍历文件夹下所有文件

① 添加"打开 Excel"命令。将路径更改为 value,输出到二级分表,如图 5 - 16 所示。

图 5 - 16 依次打开二级学院分表

② 添加"读取区域"命令,读取 A3 的值,输出到分表 Data,如图 5 - 17 所示。

图 5 - 17 依次获取二级学院分表数据

③ 添加"合并数组"命令,如图 5 - 18 所示。

图 5 - 18 合并所有分表数据

④ 添加"读取行"命令,读取 A2 开始所在行的值,输出到分表 list,如图 5 - 19 所示。

⑤ 添加"关闭 Excel"命令。关闭二级分表表格,如图 5 - 20 所示。

(11) 步骤 11:添加"构建数据表"命令。构建如图 5 - 21 所示的表格。

(12) 步骤 12:添加"合并数据表"命令。连接方式为左连接,左右表列为["师配序号","开课单位","课程名称","年级","专业","班级","人数"],如图 5 - 22 所示。

图 5 - 19　获取分表的列名

图 5 - 20　关闭二级学院分表

图 5 - 21　构建右表

图 5 - 22　左连接

（13）步骤 13：添加"转换为数组"命令。将数据表转换为数组，如图 5 - 23 所示。

图 5 - 23　转换为数组

（14）步骤 14：添加"写入区域"命令。将数据写入汇总表中，如图 5 - 24 所示。

图 5 - 24　将数据写入工作簿中

5.3　制作分析图

在数据录入和初步处理之后，要利用这些数据制作分析图，以便更直观地展示和理解数据。

1. 需求分析

我们已经录入竞品数据，现在将数据进行分析，制作饼图。

2. 自动化流程设计

在自动化流程设计阶段，我们的目标是创建一个高效的工作流程，用于生成分析图，以便对录入的竞品数据进行深入分析和直观展示。这一过程包括的关键步骤如图 5 - 25 所示。

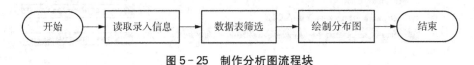

图 5 - 25　制作分析图流程块

3. 自动化流程实现

针对以上流程块,在 UiBot 中,可通过一个"制作分析图机器人"来实现。该流程块的命令如表 5-2 所示。

表 5-2　制作分析图流程块的命令

序号	流程描述	命令名称
1	读取录入信息	
	绑定工作簿	绑定 Excel 工作簿
	读取"同类产品对比.xlsx"数据	读取区域
	读取数据后关闭工作簿	关闭工作簿
2	数据表筛选	
	构建数据表,并进行分割,分割仅含有价格的数据	构建数据表,数据切片
	对分割后的数据进行筛选,并重复此步骤	数据筛选,获取行列数
	设置变量,对数据进行整理	变量赋值
3	绘制价格区间分布图	饼状图

4. 开发步骤

【准备】

(1) 关闭当前界面,返回主页。打开对应的文件夹路径。

(2) 编辑"录入竞品"流程块,单击"录入竞品"旁的编辑按钮,如图 5-26 所示。

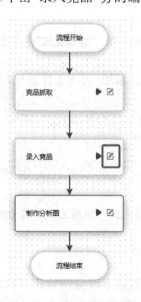

图 5-26　"录入竞品"编辑

【操作步骤】

1）步骤 1：读取录入信息

（1）选择工作簿。添加"绑定 Excel 工作簿"命令，设置文件名为"同类产品对比.xlsx"，如图 5 - 27 所示。

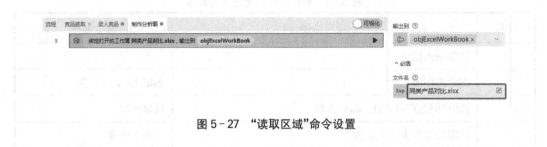

图 5 - 27 "读取区域"命令设置

（2）读取"同类产品对比.xlsx"数据。添加"读取区域"命令，设置输出到为"excelData"，设置区域为"A2"，设置显示即返回为"否"，如图 5 - 28 所示。

图 5 - 28 "读取区域"命令设置

（3）读取数据后关闭工作簿。添加"关闭工作簿"命令，如图 5 - 29 所示。

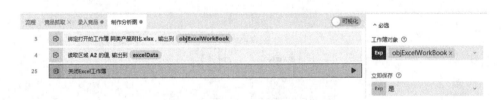

图 5 - 29 "关闭工作簿"命令设置

2）步骤 2：数据表筛选

（1）构建数据表，并进行分割，以下以分割价格字段的数据为例。添加"构建数据表"命令，设置构建数据为"excelData"，表格列头为"["价格","店铺名称","付款人数","地址","标题","链接"]"，如图 5 - 30 所示。

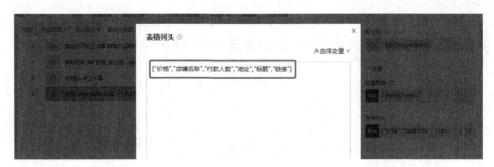

图5-30　"构建数据表"命令设置

添加"数据切片"命令，"输出到"设置为"价格数据表"，"列切片"更改为"["价格"]"，如图5-31所示。

图5-31　"数据切片"命令设置

（2）对分割后的数据进行筛选，并重复此步骤。添加"数据筛选"命令，设置"输出到"为"一千元以下"，设置"数据表"为"价格数据表"，设置"筛选条件"为"价格＜1000"，如图5-32所示。

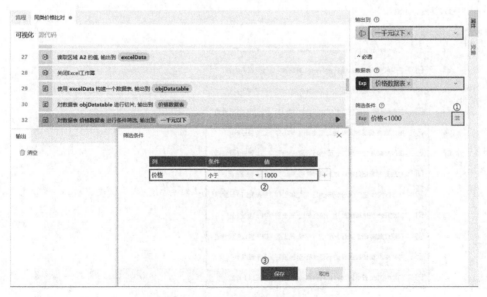

图5-32　"数据筛选"命令设置

添加"获取行列数"命令,设置"输出到"为"一千元以下数量",设置"源数据表"为"一千元以下"。重复此步骤,完成数据的筛选,如图 5-33、图 5-34、图 5-35 所示。

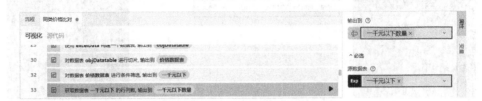

图 5-33 "获取行列数"命令设置

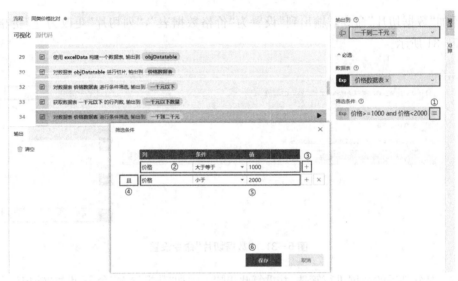

图 5-34 "数据筛选"命令设置

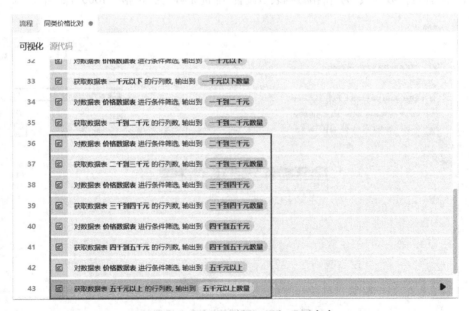

图 5-35 重复以上操作,添加系列命令

（3）设置变量，对数据进行整理。添加"变量赋值"命令，设置"变量名"为"图例"，设置"变量值"为"["一千元以下","一千到二千元","二千到三千元","三千到四千元","四千到五千元","五千元以上"]"。添加"变量赋值"命令，设置"变量名"为"可视化数据"，设置"变量值"为"[["一千元以下",一千元以下数量[0]],["一千到二千元",一千到二千元数量[0]],["二千到三千元",二千到三千元数量[0]],["三千到四千元",三千到四千元数量[0]],["四千到五千元",四千到五千元数量[0]],["五千元以上",五千元以上数量[0]]]"。将所有数组中的列数作为价格范围放入变量的可视化数据中，如图 5 - 36、图 5 - 37 所示。

图 5-36　图例"变量赋值"命令设置

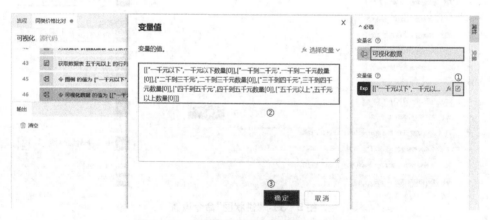

图 5-37　可视化数据"变量赋值"命令设置

3）步骤 3：绘制同类产品价格区间分布图

先在"扩展命令"一栏里获取命令，在搜索框里搜索"数据可视化"，并进行下载安装。后添加"饼状图"命令，设置"分类名称"为"图例"，"图表数据"为"可视化数据"，"图表标题"为"价格区间分布图"，"保存位置"为"＄Flow. WorkPath&"价格区间分布图. html""，如图 5 - 38、图 5 - 39 所示。

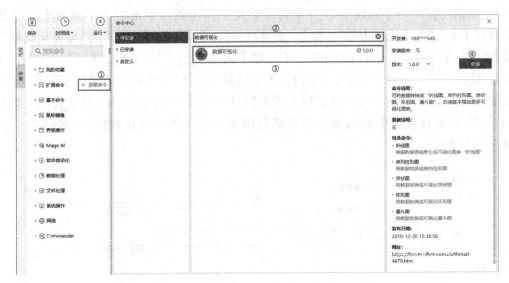

图 5-38 下载安装"数据可视化"扩展命令

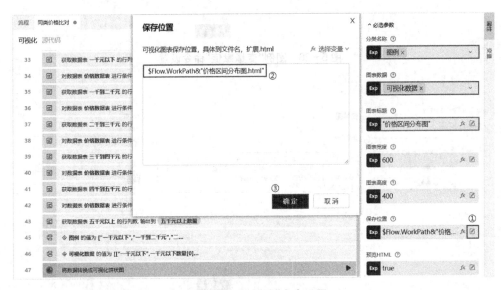

图 5-39 "饼状图"命令设置

4) 步骤 4:保存流程块

本流程块可视化代码全部完成,如图 5-40 所示。在当前流程开发界面,单击"保存"图标,保存本流程的可视化代码。

运行整个流程,得到价格区间分布图(见图 5-41、图 5-42)。

图 5 - 40　数据抓取完成

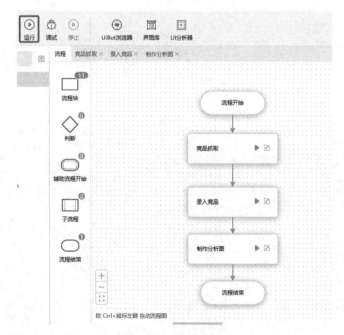

图 5 - 41　流程图运行

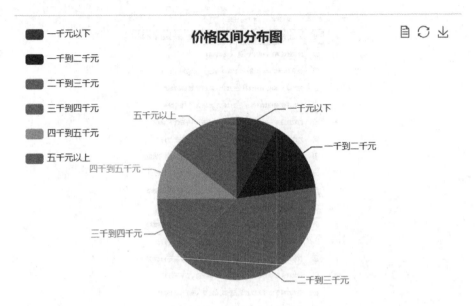

图 5-42　价格区间分布图

第 3 篇

RPA 应用实例

第 3 篇

RPA 应用实例

第6章

采购分析

采购分析的自动化需求主要集中在利用 RPA 技术来完成数据的收集、整理和初步分析,以便快速做出采购决策。

通过自动化工具,可以有效地从网络平台上抓取商品信息,包括价格、颜色、规格等,并将其整理到 Excel 表格中,为后续的深入分析打下基础。

此外,自动化流程的设计还需考虑如何模拟人工操作,以适应商品属性的多样性和复杂性,确保采购分析的全面性和准确性。

6.1 业务场景

今天小王轮岗到了采购部门,成为一名服饰部门的采购助理。部门李经理对小王说:"我们店以销售平价、流行服饰为主,平时不仅要跟进市场潮流,还要密切关注供应商那边的货品资源,选品可是最重要的一步。"

小王问:"李经理,我们平时一般去哪里采购呢,要经常出差看货吗?"

李经理:"小王还知道要我们要出差看货啊,做过功课啦? 不过出差去展销会什么的,都是以前的工作方式,现在我们主要在阿里巴巴上找货源,你可别以为坐办公室就比以前轻松,阿里巴巴上的货数以万计,还是要精挑细选的。你先打开看看?"

小王爽快地登录了阿里巴巴网站,进入服装频道,然后他就傻眼了:"这么多的厂家和商品,我们到底选哪个呢?"

李经理:"首先要根据我们产品部门和市场部门的研判,确定当季的潮流商品、主力商品和长尾商品,在这个基础上选品。"

小王:"但是我看这里面商品太多啦,您看光是一件 T 恤就有好几十页,每个商品又有不同的型号和颜色,还有图案,我简直要晕了,觉得这件好,那件也不错,看到后面我又把前面的忘记了。"

李经理:"靠你的眼睛和大脑当然是记不住这么多的,我们需要用 Excel 将我们的目标厂商和商品进行归纳和总结,然后进行分析和比较,这样才能迅速得出结论并定位到我们需要采购的货品。"

小王:"做表格的话,那我们的 RPA 机器人岂不是又可以派上用场了?"

李经理:"你之前轮岗的时候是不是用过? 那你很快就能上手的。"

小王:"但是我感觉服装这个品类的特点很明显,它的属性特别多,除了我们常见的尺码、颜色之外,还涉及材质、风格、图案、领型、袖长、裙型、裙长、图案、流行元素等,属性不仅多而且复杂,像流行元素就包括:拼接、系带、拉链、印花、撞色等。如果靠机器人去筛选的话,应该也要耗时很长时间吧?"

李经理:"你说到点子上了,如果搜索全站的供应商和商品,即便是机器人也需要很久。所以在此之前,我们采购人员需要先安排好机器人的任务。比如我们要根据当季和下一季的主推、爆款,设置目标供应商和目标货品的属性,缩小搜索范围,让机器人快速锁定单品。我们以男装 T 恤为例吧,你觉得哪几个属性是最关键的。"

小王:"T 恤啊我了解,夏天穿的多,我首先看价格,然后看颜色。"

李经理:"看来你确实有经验呀,那我们就先从最简单的 T 恤入手,让机器人帮我们先来随机获取十件 T 恤,进行筛选后看看有哪些收获。"

6.2 需求分析

采购分析是电商运营中的关键环节,它直接影响到商品的竞争力和销售业绩。在本场景中,采购助理小王需要从海量的货源中筛选出符合市场需求的服饰商品。

需求分析的重点是确定如何利用自动化工具提高选品效率,减少人工筛选的时间和误差。这包括了对商品属性的识别、数据的收集以及通过自动化流程快速锁定目标商品。通过明确采购目标,可以设计出高效的自动化策略,确保机器人能够精准地执行采购分析任务。

6.2.1 业务流程概述

作为电商运营的必备环节,采购决定了一家店铺的核心竞争力。进行采购分析时首先需要确定目标商品,例如选择展现在前三页的同类商品,然后将他们的名称、链接、价格、颜色等数据信息进行比较归纳,并据此设计好 Excel 表格的框架,量化出不同商品的优劣势,选出合适的商品。

然后打开采购平台(如阿里巴巴),根据前述设置选择某一竞品,观察其商品名称、商品链接、商品价格、颜色等数据信息,并写入 Excel 表格。信息整合至 Excel 表格后,运营人员可据此进行比较,做出进一步的分析决策。

6.2.2 业务操作步骤

具体操作步骤如表 6-1 所示。

表 6-1　操作步骤

序号	步骤	详细描述
1	设计采购分析表	新建采购分析表,将需要观察的商品信息写入表格
2	打开采购平台	打开采购平台

（续表）

序号	步骤	详细描述
3	搜索商品	搜索商品（以"T恤"产品为例）
4	随机获取十个商品信息	获取商品名称、商品链接、商品价格并写入采购分析
5	获取商品信息	逐一打开网页，获取该产品的颜色信息
6	录入采购分析表	将商品的颜色信息逐一录入采购分析表
7	商品分析	对比不同颜色商品的价格，根据我们确定的采购目标，比如20～40元之间的白色T恤，提取出目标商品

6.2.3 业务痛点

阿里巴巴等网络采购平台上的货源堪称海量，特别是服装品类，还会有颜色、图案、型号等各种要素的不同，需要采购人员花费大量的时间进行挑选和比对。由于时间和精力的限制，采购人员的搜索范围比较有限，不能覆盖全网，很可能遗漏潜力货源，错过商机。

同时由于服装类商品需要对比的要素过多，人工操作很容易造成遗漏和偏差，对下一步确定采购品类和数量，造成一定的误判，进而影响到后一阶段该商品的销售和店铺的健康运营。

在应用RPA机器人之前，依靠采购人员敏锐的市场嗅觉和正确的分析决策，划定采购目标的合理范围，能够极大减少重复性的信息获取工作，将每个商品的信息迅速集成到Excel表格中，并且形成分析报告，这样操作的好处是避免了重复性劳动，降低了错误率，为采购决策提供较准确的参考。同时机器人可以大量地收集目标商品，扩大了商品备选库，更有利于发现优质货源。

6.3 设计思路

根据前述需求分析，设计开发"采购分析"机器人。本案例的设计思路和开发流程如图6-1、图6-2、图6-3、图6-4所示。本案例的执行步骤和内容如表6-2、表6-3、表6-4所示。

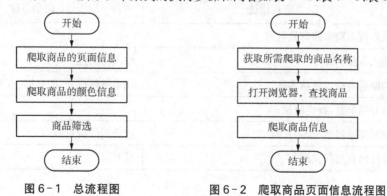

图6-1 总流程图　　　　图6-2 爬取商品页面信息流程图

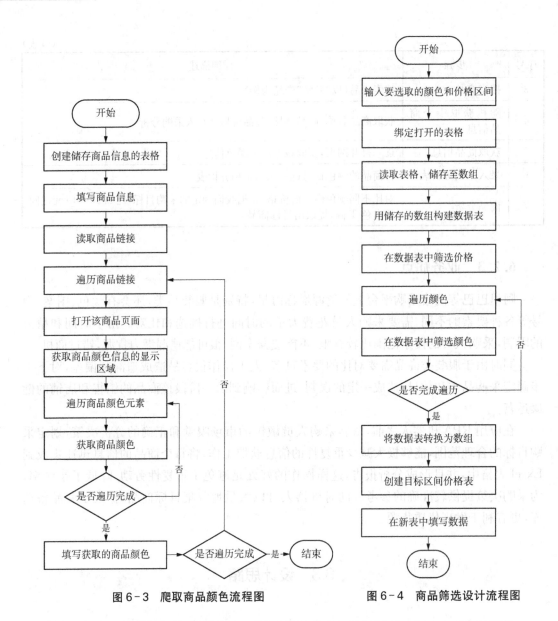

图 6-3 爬取商品颜色流程图

图 6-4 商品筛选设计流程图

表 6-2 爬取商品页面信息的执行步骤及命令

序号	流程描述	命令名称
1	获取所需爬取的商品名称	
	输入商品名称	输入对话框
	判断是否输入商品名称	如果条件成立、消息框、退出流程
2	打开浏览器，查找商品	
	打开浏览器至 1688 官网	启动新的浏览器
	等待网页加载完成	延时

（续表）

序号	流程描述	命令名称
	更改窗口显示状态,将窗口最大化	更改窗口显示状态
	在搜索框中输入商品名	在目标中输入
	搜索商品	模拟按键
	等待网页加载完成	延时
3	获取爬取的商品信息	
	抓取商品名称、链接、价格	数据抓取
	商品信息赋值	变量赋值

表 6-3　爬取商品颜色信息的执行步骤及命令

序号	流程描述	命令名称
1	创建储存商品信息的表格	
	打开新建的表格	打开 Excel 工作簿
	写入列标题	写入列
2	填写商品信息	
	将商品信息写入新建的工作簿中	写入区域
3	读取商品链接	
	读取商品链接信息	读取列
	获取商品链接数	获取长度
4	遍历商品链接	依次读取数组中每个元素
	打开该商品页面	打开网页
	显示运行消息	消息通知
	等待页面加载完毕	等待页面加载
	获取商品颜色信息的显示区域	获取子元素
	遍历商品颜色元素	依次读取数组中每个元素
	获取颜色文本	获取元素文本
	获取所有颜色文本	变量赋值
	填写获取的商品颜色	左侧裁剪、写入单元格
	增加行数	变量赋值
	更改链接	变量赋值
	为所有颜色文本赋值	变量赋值
	为 g_行数赋值	变量赋值

表 6-4　商品筛选执行步骤及命令

序号	流程描述	命令名称
1	输入要选取的颜色和价格区间	
	输入要选取的颜色和价格区间	自定义对话框
	判断输入信息的合理性	如果条件成立、退出流程
	将获取的颜色储存至数组"颜色"中	分割字符串
2	绑定打开的表格	绑定 Excel 工作簿
3	读取表格，储存至数组	读取区域
4	用储存的数组构建数据表	构建数据表
5	在数据表中筛选价格	数据筛选
6	遍历颜色	依次读取数组中每个元素
	在数据表中筛选颜色	数据筛选
7	将数据表转换为数组	转换为数组
8	创建目标区间价格表	创建工作表
9	在新表中填写数据	写入区域

6.4　开发步骤

　　开发"采购分析机器人"涉及前期准备、指令设置和流程块编辑这几个步骤。在前期准备阶段，需要新建流程并编辑流程块，确保所有基本信息准确无误。在指令设置阶段，需要通过 UiBot Creator 设置机器人执行的具体指令，包括获取商品名称、打开浏览器、搜索商品、抓取商品信息等。每个步骤都需要精确的命令设置，以确保机器人能够准确执行任务。此外，还需要考虑异常处理和流程控制，确保机器人在遇到错误输入或操作失败时能够及时响应。通过这些开发步骤，可以构建一个高效的自动化采购分析流程，从而提高采购决策的质量和效率。

1. 前期准备

　　打开 UiBot Creator，新建"采购分析机器人"流程。新建完成后，系统自动进入流程界面。依次新建流程块，编辑各流程块的基本信息，最后保存文件。

2. 指令设置

【流程块 1:爬取商品页面信息】

　　打开 UiBot Creator，进入"采购分析机器人"流程界面，如图 6-5 所示，单击"爬取商品页面信息"流程块的编辑按钮,进入可视化代码开发界面,开始设置由机器人执行的指令。

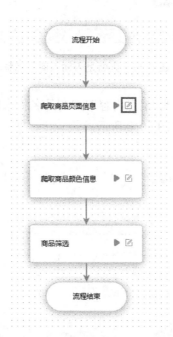

图 6-5　进入"采购分析机器人"流程界面

1)步骤 1:获取所需爬取的商品名称

(1)自定义要爬取的商品名称,如图 6-6 所示。添加"输入对话框"命令,在"属性"中更改"消息内容"为"请输入要抓取的商品名称","对话框标题"为"商品名称","输出到"为"g_商品名称"。注意:此机器人以"T 恤"为例。

图 6-6　自定义爬取的商品名称

(2)判断是否输入商品名称。

① 添加"如果条件成立"命令,单击"如果条件成立则",更改"判断表达式"为"g_商品名称='null' or g_商品名称="""",如图 6-7 所示。

图 6-7　判断是否输入商品名称

② 添加"消息框"命令,更改"消息内容"为"商品名称未输入,流程终止",更改"对话框标题"为"请输入商品名称",如图 6-8 所示。

图 6-8　更改"对话框标题"

(3) 添加"退出流程"命令,如图 6-9 所示。

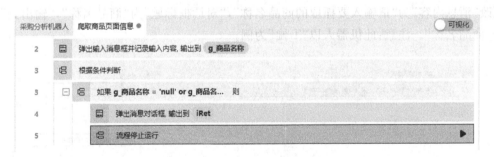

图 6-9　添加"退出流程"命令

2) 步骤 2:打开浏览器查找商品

(1) 打开浏览器至指定网页,如图 6-10 所示。添加"启动新的浏览器"命令,在"属性"中更改"浏览器类型"为"Google Chrome",更改"打开链接"为"www. 1688. com",更改"输出到"为"g_hWeb"。

(2) 等待网页加载完成,如图 6-11 所示。添加"延时"命令,在"属性"中更改"延时(毫秒)"为"7000"。

(3) 更改窗口显示状态。添加"更改窗口显示状态"命令。

① 在"可视化"中单击"未指定",如图 6-12 所示。

图6-10　打开浏览器至指定网页

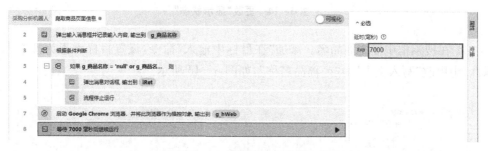

图6-11　等待网页加载完成

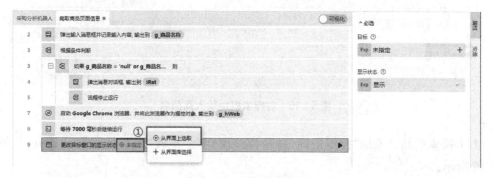

图6-12　单击"未指定"

② 进入缩小后的指定网页,在屏幕选取网页,待目标变成蓝色后单击鼠标,如图6-13所示。

图6-13　进入缩小后的网页

③ 在"属性"中更改"显示状态"为"最大化",如图 6-14 所示。

图 6-14　更改"显示状态"

(4) 在搜索框中输入商品名。添加"在目标中输入"命令,设置目标元素为搜索框,在"属性"中更改"写入文本"为"g_商品名称",如图 6-15 所示。

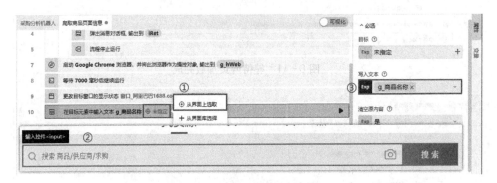

图 6-15　在搜索框中输入商品名

(5) 搜索商品。添加"模拟按键"命令,在"属性"中更改"模拟按键"为"Enter",如图 6-16 所示。

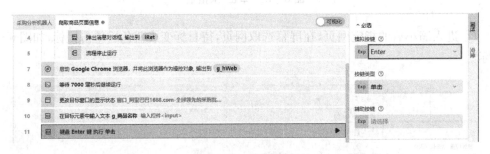

图 6-16　搜索商品

(6) 等待网页加载完成。添加"延时"命令,在"属性"中更改"延时(毫秒)"为"2000",如图 6-17 所示。

图 6 - 17　等待网页加载完成

3) 步骤 3:获需爬取商品信息

(1) 抓取商品名称、商品链接以及商品价格。

① 在工具栏中单击"数据抓取",如图 6 - 18 所示。

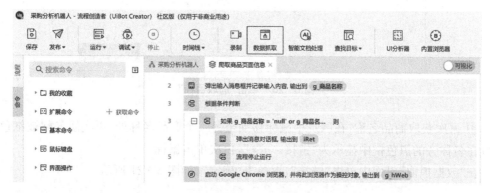

图 6 - 18　单击"数据抓取"

② 在"数据抓取"中单击"选取目标",如图 6 - 19 所示。

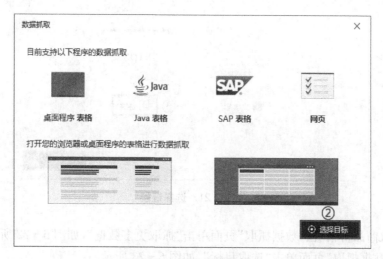

图 6 - 19　单击"选取目标"

③ 获取商品名称,在网页中移动鼠标至商品名称处,使名称被红色覆盖且在名称旁的黑色框中显示为"链接<a>",并单击鼠标;在选取目标时,请注意不要选择标题中带"广告"的商品,否则会影响机器人抓取数据。

再次选取目标，在"数据抓取"中单击"选取目标"，如图 6 - 20 所示。

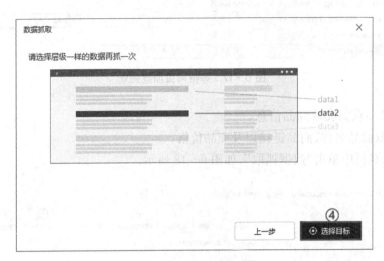

图 6 - 20　单击"选取目标"

④ 再次获取商品名称，在网页中鼠标移动至另一个商品名称处，再次使名称被红色覆盖且在名称旁的黑色框中显示为"链接＜a＞"，再次单击鼠标。

在"数据抓取"界面中单击"链接"，再单击"确定"，如图 6 - 21 所示。

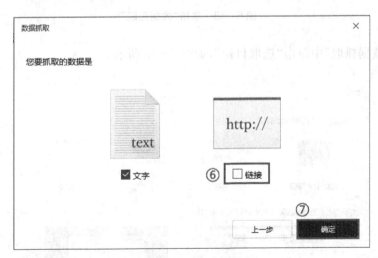

图 6 - 21　选择链接

⑤ 抓取商品价格，在"数据抓取"页面单击"抓取更多数据"，如图 6 - 22 所示。

⑥ 在"数据抓取"页面单击"选取目标"，如图 6 - 23 所示。

⑦ 在网页中鼠标移动至商品价格处，使价格被红色覆盖，同时价格旁的黑色框中显示"块级元素＜div＞"，并单击鼠标。

在"数据抓取"中单击"选取目标"，再次选择层级一样的数据，如图 6 - 24 所示。

图 6‑22　抓取商品价格

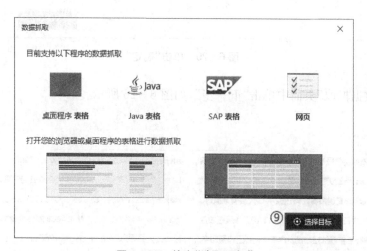

图 6‑23　单击"选取目标"

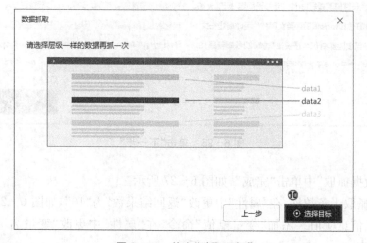

图 6‑24　单击"选取目标"

⑧ 在网页中将鼠标移动至另一个商品的价格处,使价格被红色覆盖,同时价格旁的黑色框中显示"块级元素<div>",并单击。在"数据抓取"页面中单击"确定",如图 6-25 所示。

图 6-25　单击"确定"

⑨ 在"数据抓取"页面中单击"下一步",如图 6-26 所示。

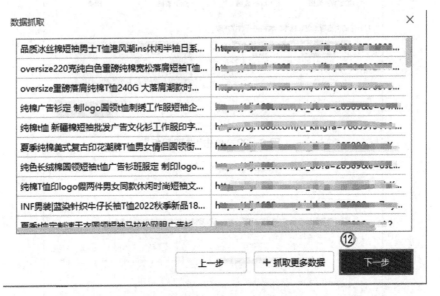

图 6-26　单击"下一步"

⑩ 在"数据抓取"中单击"完成",如图 6-27 所示。

⑪ 若只抓取十条数据,在"属性"中更改"返回结果数"为"10",如图 6-28。

(2) 商品信息赋值。添加"变量赋值"命令,在"属性"中更改"变量名"为"g_商品信息","变量值"为"arrayData",如图 6-29 所示。

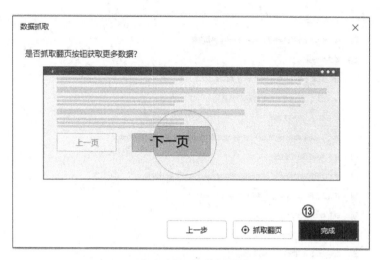

图6-27 单击"完成"

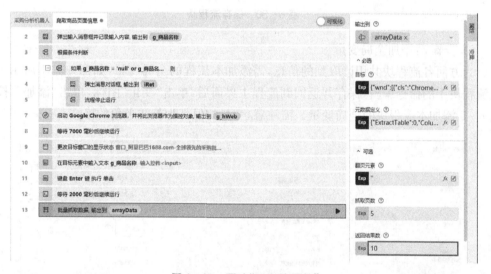

图6-28 更改"返回结果数"

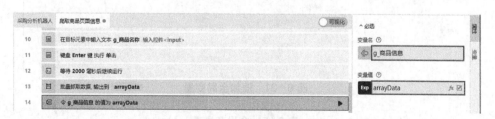

图6-29 商品信息赋值

4）步骤4：保存流程块

本流程块可视化代码全部完成后，在当前流程开发界面，单击"保存"图标，保存本流程可视化代码（见图6-30），再单击"采购分析机器人"图标，返回流程图界面。

图 6‑30　保存流程块

5) 步骤 5：添加全局变量

为方便各流程块共用读取到的信息，需添加本流程的全局变量，如图 6‑31 所示。完成流程块 1 的命令编辑，保存并返回到流程主界面后，单击"变量"图标，单击"添加"，按照表 6‑5 添加本流程块的全局变量。需注意，变量的值都为英文半角的格式。

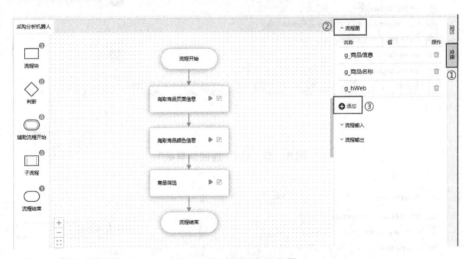

图 6‑31　添加全局变量

表 6‑5　全局变量表

序号	变量名	使用方向	值
1	g_商品信息	无	""
2	g_商品名称	无	""
3	g_hWeb	无	""

【流程块 2：爬取商品颜色信息】

单击"爬取商品颜色信息"流程块的编辑按钮，进入可视化代码开发界面，开始设置由机器人执行的指令，如图 6-32 所示。

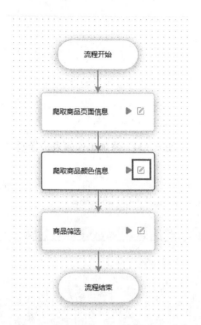

图 6-32　单击"爬取商品颜色信息"流程块的编辑按钮

1）步骤 1：创建储存商品信息的表格

（1）创建存储商品信息的工作簿。添加"打开 Excel 工作簿"命令，在"属性"中单击"文件路径"下的"Exp"，并填写"@res""""+g_商品名称+""信息.xlsx"""，如图 6-33 所示。

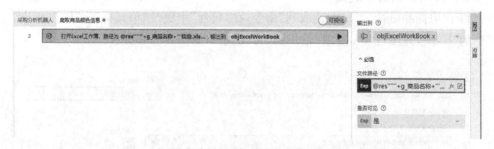

图 6-33　创建存储商品信息工作簿

（2）添加工作簿表头标题。添加"写入行"命令，在"属性"中更改"数据"为"['商品名称','商品链接','商品价格','颜色']"，更改"立即保存"为"是"，如图 6-34 所示。

2）步骤 2：填写商品信息

将商品信息写入新建的工作簿中。添加"写入区域"命令，在"属性"中更改"数据"为"g_商品信息"，单击"工作表"下的"Exp"，并填写"0"，更改"开始单元格"为"A2"，更改"立即保存"为"是"，如图 6-35 所示。

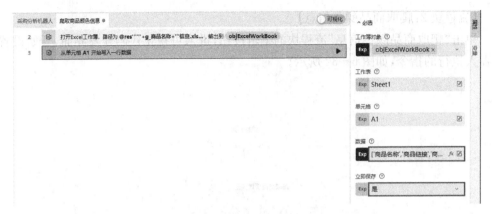

图 6-34　添加工作簿表头标题

图 6-35　填写商品信息

3）步骤3：读取商品链接

（1）读取商品链接。添加"读取列"命令，在"属性"中更改"单元格"为"B2"，单击"工作表"下的"Exp"，并填写"0"，更改"输出到"为"链接"，如图 6-36 所示。

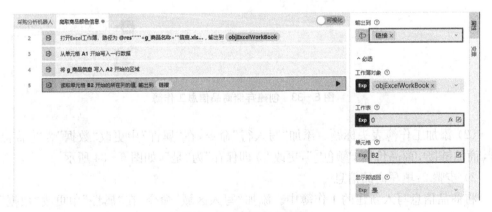

图 6-36　读取商品链接

（2）获取商品链接数。添加"获取长度"命令，在"属性"中更改"输出到"为"链接总数"，更改"目标字符串或数组"为"链接"，如图 6-37 所示。

图 6-37 获取商品链接数

4）步骤 4：遍历商品链接

（1）添加"依次读取数组中每个元素"命令，在"属性"中更改"值"为"单个链接"，更改"数组"为"链接"，如图 6-38 所示。

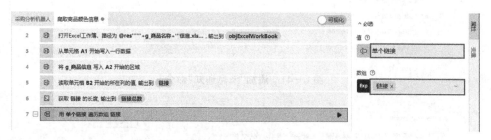

图 6-38 添加"依次读取数组中每个元素"命令

① 添加"打开网页"命令。在可视化界面单击该命令的"重新指定"按钮，单击"从界面上选取"，如图 6-39 所示。

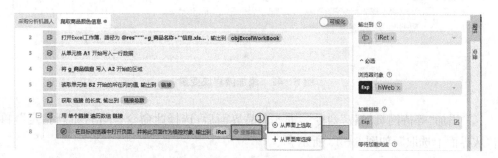

图 6-39 在可视化界面单击该命令的"重新指定"按钮

在网页中移动鼠标使得红色框覆盖网页。在"属性"中更改"浏览器对象"为"g_hWeb"，单击"加载链接"下的"Exp"，并填写"单个链接"，如图 6-40 所示。

② 添加"消息通知"命令，在"属性"中单击"消息内容"下的"Exp"，并填写""正在抓取第"& 链接顺序 &"/"& 链接总数 &"条商品信息""，如图 6-41 所示。

添加流程块变量，在"变量"中单击"当前流程块"下的"添加"，并将"变量名"修改为"链接顺序"，"值"修改为"1"，如图 6-42 所示。

图 6-40　更改"浏览器对象"

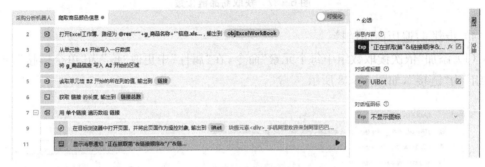

图 6-41　添加"消息通知"命令

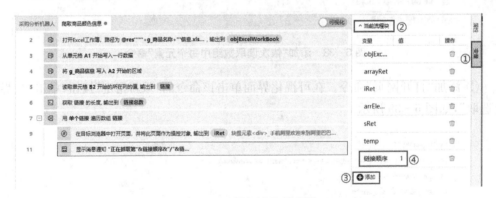

图 6-42　添加流程块变量

③ 添加"等待网页加载"命令。进入商品界面后,选择此命令,单击"重新指定",再单击"从界面上选取",如图 6-43 所示。

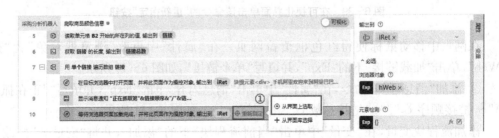

图 6-43　单击重新指定

在网页中移动鼠标使得红色区域覆盖网页，如图 6 - 44 所示，并单击鼠标左键。

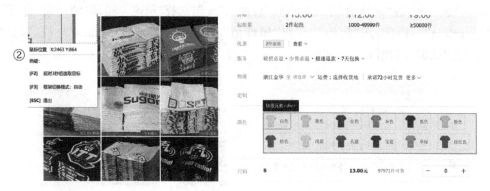

图 6 - 44　移动鼠标

单击该条命令后，在"属性"中更改"浏览器对象"为"g_hWeb"；再单击"元素检测"下的编辑按钮进行元素编辑，如图 6 - 45 所示。

图 6 - 45　更改"浏览器对象"

在"目标分析器"中单击"从 UI 分析器中打开"，如图 6 - 46 所示。

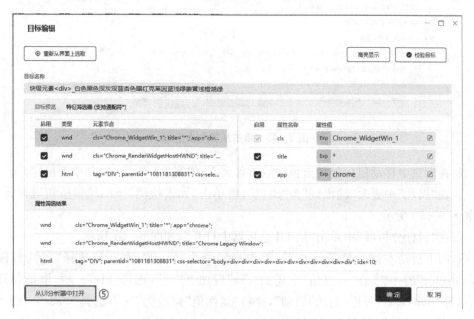

图 6 - 46　单击"从 UI 分析器中打开"

向下滑动左侧的"特征筛选器",单击最后一栏"html",在右侧选择"属性名称"为"css-selector"的一栏,在"属性值"末尾的"div"后加上" * ",选择"idx"一栏,取消勾选"启动",选择"innertext"一栏,勾选"启动",并将"属性值"修改为" * ",选择"class"一栏,勾选"启动",单击"确定",如图 6-47 所示。

图 6-47 修改"属性值"

(2) 获取商品颜色。添加"获取子元素"命令。

① 在可视化界面单击该命令的"未指定"按钮,并单击"从界面上选取",如图 6-48 所示。

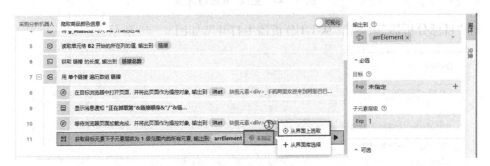

图 6-48 单击从界面上选取

② 在网页中移动鼠标使得蓝色区域覆盖页面,如图 6-49 所示,并单击鼠标。

③ 在"属性"中更改"输出到"为"颜色",再单击"元素检测"下的编辑按钮进行元素编辑,如图 6-50 所示。

④ 在"目标分析器"中单击"从 UI 分析器中打开",如图 6-51 所示。

⑤ 向下滑动左侧的特征筛选器,单击最后一栏"html",在右侧选择"属性名称"为"css-selector"的一栏,在"属性值"末尾的"div"后加上" * ",选择"idx"一栏,取消勾选"启动",选择"innertext"一栏,勾选"启动",并将"属性值"修改为" * ",选择"class"一栏,勾选"启动",单击"确定",如图 6-52 所示。

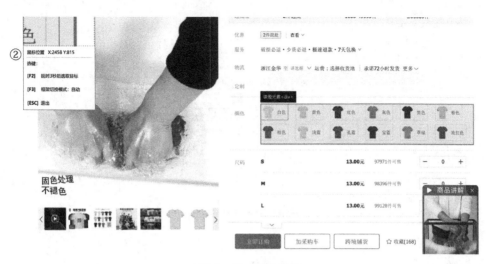

图 6-49　移动鼠标

图 6-50　在"属性"中更改

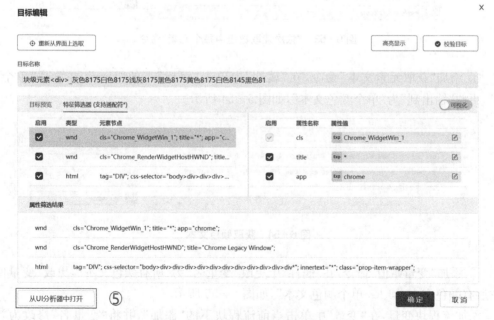

图 6-51　单击"从 UI 分析器中打开"

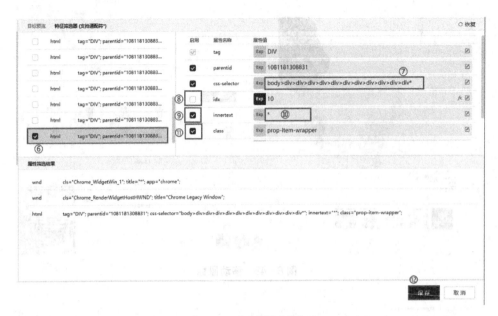

图 6-52 将"属性值"修改

（3）遍历商品颜色元素。添加"依次读取数组中每个元素"命令，在"属性"中更改"值"为"单个颜色"，更改"数组"为"颜色"，如图 6-53 所示。

图 6-53 "依次读取数组中每个元素"命令

① 添加"获取元素文本"命令，在"属性"中单击"目标"下的"Exp"，并填写"单个颜色"，更改"输出到"为"单个颜色文本"，如图 6-54 所示。

图 6-54 获取颜色文本

② 添加"变量赋值"命令，在"属性"中更改"变量名"为"所有颜色文本"，更改"变量值"为"所有颜色文本 & ',' & 单个颜色文本"，如图 6-55 所示。

添加流程块变量，在"变量"中单击当前流程块下的"添加"，并将"变量名"修改为"所有颜色文本"，"值"修改为""""，如图 6-56 所示。

图 6-55 获取所有颜色文本

图 6-56 添加流程块变量

（4）填写获取的商品颜色。

① 添加"左侧裁剪"命令，在"属性"中更改"输出到"为"所有颜色文本"，单击"目标字符串"下的"Exp"，填写"所有颜色文本"，并更改"裁剪字符"为"、"，如图 6-57 所示。

图 6-57 更改"裁剪字符"为"、"

② 添加"写入单元格"命令，在"属性"中单击"工作表"下的"Exp"，并更改为"0"；单击"单元格"下的"Exp"，并更改为""D"& 行数"；单击"数据"下的"Exp"，并更改为"所有颜色文本"；更改"立即保存"为"是"，如图 6-58 所示。

③ 添加流程块变量，在"变量"中单击当前流程块下的"添加"，并将"变量名"更改为"行数"，"值"更改为"2"，如图 6-59 所示。

（5）增加行数。添加"变量赋值"命令，在"属性"中更改"变量名"为"行数"，更改"变量值"为"行数＋1"，如图 6-60 所示。

图 6-58 "写入单元格"命令

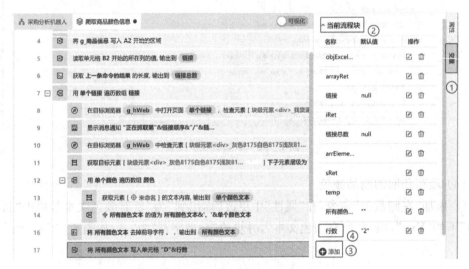

图 6-59 添加流程块变量

图 6-60 增加行数

（6）更改弹框显示的抓取链接顺序。添加"变量赋值"命令，在"属性"中更改"变量名"为"链接顺序"，更改"变量值"为"链接顺序＋1"，如图 6-61 所示。

（7）清空本次获取的所有颜色文本。添加"变量赋值"命令，在"属性"中更改"变量名"为"所有颜色文本"，更改"变量值"为""""，如图 6-62 所示。

（8）将行数的值传递至全局变量中。

① 添加"变量赋值"命令，在"属性"中更改"变量名"为"g_行数"，更改"变量值"为"行数－1"，如图 6-63 所示。

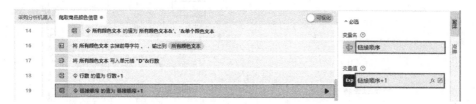

图 6-61　更改弹框显示的抓取链接顺序

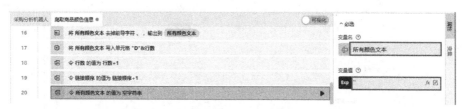

图 6-62　清空本次获取的所有颜色文本

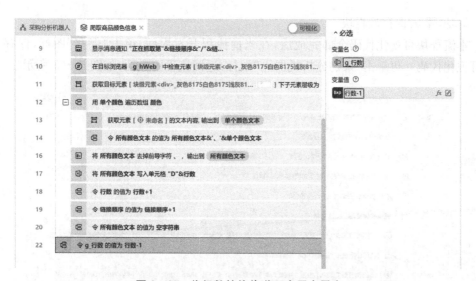

图 6-63　将行数的值传递至全局变量中

② 为方便各流程块共用读取到的信息,需添加本流程的全局变量,如图 6-64 所示。已完成流程块 2 的命令编辑,保存并返回流程主界面后,单击"变量"图标,单击"添加",按照表 6-6 添加本流程块全局变量。需注意,变量的值都为英文半角格式。

表 6-6　全局变量表

序号	变量名	使用方向	值
1	g_行数	无	

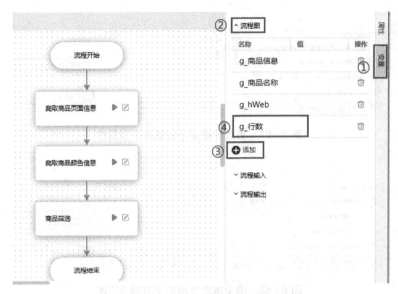

图 6-64 添加本流程的全局变量

5) 步骤 5:保存流程块

本流程块可视化代码全部完成后,在当前流程开发界面,单击"保存"图标,保存本流程可视化代码。再单击"采购分析机器人"图标,返回流程图界面,如图 6-65 所示。

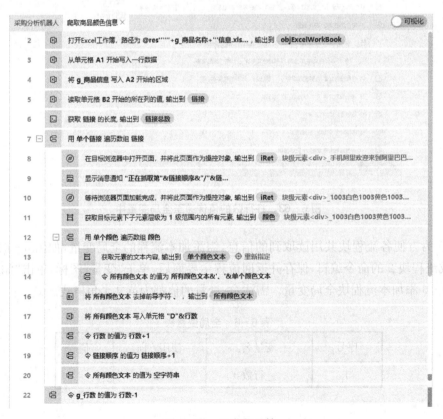

图 6-65 保存流程块

【流程块3：商品筛选】

单击"商品筛选"流程块的编辑按钮，进入可视化代码开发界面，开始设置由机器人执行的指令。

1）步骤1：输入要选取的颜色和价格区间

（1）输入要选取的颜色和价格区间。

① 添加"自定义对话框"命令。在"属性"中更改"对话框标题"为"请输入筛选信息"，并单击"自定义表单"下的图标进行筛选设置，如图6-66所示。

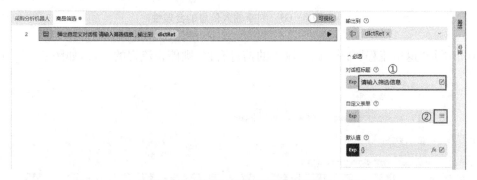

图6-66 添加"自定义对话框"命令

② 打开"自定义表单"后，在"表单控件"中将"文本框"拖拽至设计对话框中，在"属性"中更改"标题"为"请输入最低价格"，更改"提示信息"为"最低价格不得小于0"，更改"默认值"为"0"；再次添加"文本框"，在"属性"中更改"标题"为"请输入最高价格"，更改"提示信息"为"无最高价格限制"；最后添加"文本框"，在"属性"中更改"标题"为"请输入你想要的颜色"，更改"提示信息"为"如有多个颜色，请用/隔开"；完成设置后单击"确定"，如图6-67所示。

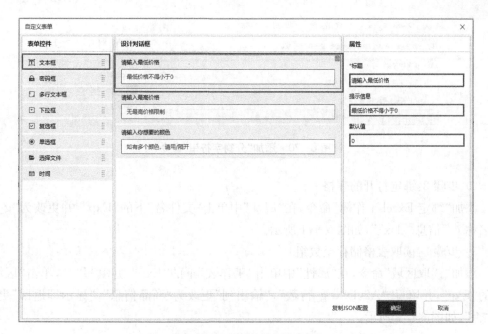

图6-67 打开"自定义表单"

（2）判断输入信息的合理性。

① 添加"如果条件成立"命令，在"属性"中更改"判断表达式"为"dictRet["return"]＝0"，如图 6-68 所示。

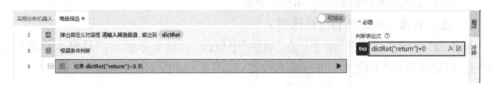

图 6-68　判断输入信息的合理性

② 添加"退出流程"命令，如果输入的信息有误，则停止流程的运行，如图 6-69 所示。

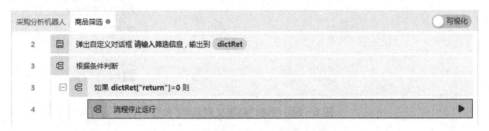

图 6-69　添加"退出流程"命令

（3）将得到的颜色信息储存至数组"颜色"中，添加"分割字符串"命令，在"属性"中更改"输出到"为"颜色"，单击"目标字符串"下的"Exp"，并更改为"dictRet["请输入你想要的颜色"]"，更改"分隔符"为"/"，如图 6-70 所示。

图 6-70　添加"分割字符串"命令

2）步骤 2：绑定打开的表格

添加"绑定 Excel 工作簿"命令，在"属性"中单击"文件名"下的"Exp"，并更改为"g_商品名称 &"信息.xlsx""，如图 6-71 所示。

3）步骤 3：读取表格储存至数组

添加"读取区域"命令，在"属性"中单击"工作表"下的"Exp"，并填写"0"，单击"区域"下的"Exp"，并填写""A2:D"&g_行数"，"输出到"更改为"商品信息"，"显示即返回"更改为"否"，如图 6-72 所示。

图 6-71 添加"绑定 Excel 工作簿"命令

图 6-72 添加"读取区域"命令

4) 步骤 4:用储存的数组构建数据表

添加"构建数据表"命令,在"属性"中更改"构建数据"为"商品信息","表格列头"更改为"['商品名称','商品链接','商品价格','颜色']","输出到"更改为"构建商品信息表",如图 6-73 所示。

图 6-73 添加"构建数据表"命令

5) 步骤 5:对数据表条件筛选价格

添加"数据筛选"命令,在"属性"中单击"筛选条件"下的"Exp",并填写" "商品价

格>="&dictRet['请输入最低价格']&" and 商品价格<="&dictRet['请输入最高价格']",
"数据表"更改为"构建商品信息表","输出到"更改为"价格筛选后的商品信息表",如图7-74所示。

图 6-74　添加"数据筛选"命令

6) 步骤 6：遍历颜色

(1) 添加"依次读取数组中每个元素"命令，在"属性"中更改"数组"为"颜色"，更改"值"为"单个颜色"，如图 6-75 所示。

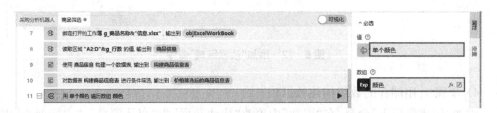

图 6-75　添加"依次读取数组中每个元素"命令

(2) 对数据表筛选颜色。

添加"数据筛选"命令，在"属性"中单击"筛选条件"下的"Exp"，并更改为""颜色. str. contains('"& 单个颜色 &"')""，更改"数据表"为"价格筛选后的商品信息表"，更改"输出到"为"颜色筛选后的商品信息表"，如图 6-76 所示。

图 6-76　添加"数据筛选"命令

7) 步骤7:将数据表转换为数组

添加"转换为数组"命令,在"属性"中更改"输出到"为"完成筛选的商品信息表",更改"源数据表"为"颜色筛选后的商品信息表",更改"包含表头"为"是",如图6-77所示。

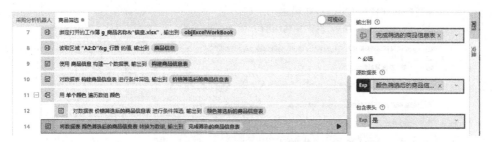

图6-77 添加"转换为数组"命令

8) 步骤8:创建目标区间价格表

添加"创建工作表"命令,在"属性"中单击"新表名"下的"Exp",并填写"dictRet['请输入最低价格']&"-"&dictRet['请输入最高价格']",更改"立即保存"为"是",如图6-78所示。

图6-78 添加"创建工作表"命令

9) 步骤9:在新表中填写数据

添加"写入区域"命令,在"属性"中单击"工作表"下的"Exp",并填写"dictRet['请输入最低价格']&"-"&dictRet['请输入最高价格']",更改"数据"为"完成筛选的商品信息表",更改"立即保存"为"是",如图6-79所示。

10) 步骤10:保存流程块

本流程块可视化代码全部完成后,保存流程块,返回流程图界面。单击"保存",保存本案例全部流程,如图6-80所示。

图 6‑79　添加"写入区域"命令

图 6‑80　保存流程块

第7章

流量数据分享

在电商领域,流量数据分析报告对于营销策略的调整至关重要。本部分将探讨如何通过 RPA 技术自动化地生成流量数据分析报告,包括从多个数据源收集和整合流量数据,计算关键性能指标(KPIs),以及制作包含图表和汇总信息的报告。自动化流程将涵盖数据的预处理、分析以及最终报告的生成,旨在提高数据处理的效率,确保报告的准确性和及时性,从而为企业决策提供强有力的数据支持。

7.1 业务场景

实习生小王来到运营部门实习,作为运营助理,小王开始学习如何分析店铺流量来源,并据此调整店铺营销策略。小王查看了店铺每日流量的明细数据,发现店铺流量来源广泛,数据复杂,需要进行分析整理。除了查看每日数据,在进行总结时,需要查看汇总数据,这就需要将每日数据进行整合,集中分析。

据此,小王再次想到了用 RPA 这一有力工具来解决问题。在数据整合过程中,小王需要从流量统计平台下载每日数据明细,那么如何将数据汇总呢? 小王开动脑筋,想到:是否可以利用 RPA 自动化流程机器人,将明细数据进行匹配汇总呢?

小王:"刘主管,流量来源分析是咱们制定、调整营销策略的重要基础,但这一过程需要汇总整合海量的流量数据,我们能否利用 RPA 机器人呢?"

刘主管:"这个过程比较复杂,但确实涉及大量人工不好处理的基础数据,你打算怎么做呢?"

小王:"我们会首先获取每日的明细数据,然后再按照周、月度汇总数据,这就需要将每日明细数据汇总为周或月度数据,这一过程不仅耗费时间,而且容易出现错误,我们不妨用 RPA 机器人,将明细数据以及汇总数据准备好,自动完成数据匹配汇总,既节省人工,又不会出错。"

刘主管:"你的想法很不错啊!"

小王:"谢谢! 完成数据汇总后,用 RPA 工具直接完成基础的来源分析、指标汇总,也可以利用 RPA 进行流程梳理,这样便可以快速得到清晰直观的结果了。"

刘主管:"嗯,你刚刚的思路很好,不妨动手试试,先从周数据汇总分析开始,完成周数据汇总表,我们看看这个机器人的效果。"

小王:"好的,我这就开始!"

7.2 需求分析

制作流量数据分析报告的关键在于高效地整合和分析店铺流量数据。需求分析的焦点集中在如何自动化地从每日流量明细中提取数据,并将其汇总成周报或月报,以便进行深入的流量来源分析。这包括了数据的清洗、整合,关键指标的计算(如客单价、UV值、支付转化率等),以及报告的形成。这一自动化流程可以显著提高报告制作的效率和准确性,为营销策略的调整提供数据支持。

1. 业务流程概述

在进行流量来源分析时,需要获取每日流量来源明细表,将每日明细数据汇总填入周数据表,然后去除冗余或无意义数据,在对各项流量来源数据求和,以获得一周的访客数、支付买家数、支付总金额,然后在此基础上,计算本周的平均客单价、UV值、支付转化率等,为分析本周的流量来源情况及流量转化效率提供基本的参考,如图7-1所示。

图7-1 商务报告人工操作

2. 业务操作步骤

具体操作步骤如表7-1所示。

表7-1 业务操作

序号	步骤	详细描述
1	读取汇总表数据	读取本店数据汇总表中的数据
2	分别打开每日流量来源表	分别打开每张流量来源表
3	获取每日明细表中的访客数、支付买家数、支付金额等数据,填写到汇总表	将每日明细表中的访客数、支付买家数、支付金额等数据按照日期汇总至本店数据汇总表中
4	去除空值数据	去除访客数、支付买家数、支付金额合计数据均为0值的行
5	按照不同来源,汇总周数据	按照不同来源,汇总周数据
6	计算本周平均客单价、平均UV值、支付转化率	计算本周平均客单价、平均UV值、支付转化率
7	制作流量来源分析表	制作流量来源分析表

3. 业务痛点

店铺流量来源分析是电商店铺运营过程中的常规业务,通过流量来源分析,可以明确不同渠道流量投入与产出价值,为调整和选择店铺流量渠道提供决策依据。

分析流量来源需要处理大量数据,进行明细数据与整体数据的汇总整合,这一操作烦琐,人工操作容易出错,运用 RPA 流程自动化机器人不仅节约时间,而且操作便捷,易于避免错误。此外流量分析处理涉及的数据容易包含大量冗余或不合法数据,数据预处理是不可缺少的步骤,因此,在本案例中,RPA 自动化流程机器人自动去除空值及冗余数据,很好地进行了数据预处理,为进一步的分析提供整洁的数据基础。

本章通过设计流量分析机器人,实现了流量明细数据快速整合,数据冗余预处理、流量来源分析统计以及流量指标计算和可视化呈现,展现了 RPA 在整合分析大量复杂数据的能力。

7.3　设计思路

根据前述需求分析,设计开发"流量数据分析"机器人。本案例的设计思路和开发流程如图 7-2、图 7-3、图 7-4 所示。

本案例的执行步骤及其涉及的命令如表 7-2、表 7-3 所示。

表 7-2　每日流量来源数据汇总的执行步骤及命令

序号	流程描述	命令名称
1	读取汇总表数据	
	打开数据汇总表	打开 Excel 工作簿
	读取汇总表数据	读取区域
2	获取来源表路径	获取文件或文件夹列表
3	遍历来源表数据	依次读取数组中每个元素
	读取来源表数据	
	打开数据汇总表	打开 Excel 工作簿
	读取汇总表数据	读取区域
	获取来源表名称中的日期	
	获取来源表名称	获取名称
	获取来源表名称中的时间	替换字符串

序号	流程描述	命令名称
	转换为时间格式	字符串转化为时间
	获取时间日期	获取第几天
	遍历来源表数据	依次读取数组中每个元素、变量赋值
	遍历汇总表数据	依次读取数组中每个元素
	判断来源表数据在汇总表中是否存在	如果条件成立
	将来源表数据赋值给单个汇总表数据	替换字符串、转换为小数数据、变量赋值、跳出循环
	将来源表数据赋值给新增的单个单行汇总表数据	
	判断来源表数据在汇总表中是否存在	如果条件成立
	若不存在，给汇总表进行赋值	变量赋值、替换字符串、转换为小数数据
	在最终的汇总表中汇总数据	变量赋值
	关闭表格	关闭 Excel 工作簿
4	遍历汇总表数据	依次读取数组中每个元素
	计算汇总表中求和列	变量赋值、如果条件成立
5	汇总表最终数据排序	
	清除汇总表数据	清除区域
	读取汇总表数据	读取区域
	将读取到的汇总表数据转换为数据表	构建数据表
	对排序表排序	数据表排序
	将排序后的排序表转换为数组	转换为数组
6	填写最终汇总数据	
	填写最终汇总数据	写入行
	另存工作簿	另存 Excel 工作簿
	关闭汇总表	关闭 Excel 工作簿

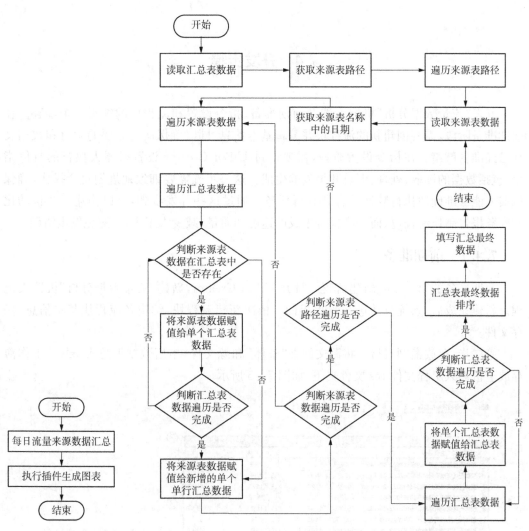

图 7‑2　设计总流程图

图 7‑3　每日流量来源数据汇总设计流程图

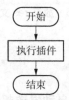

图 7‑4　执行插件生成图表设计流程图

表 7‑3　执行插件生成图表的执行步骤及命令

序号	流程描述	命令名称
1	变量赋值	变量赋值
2	使用插件	源码
3	使用本店数据汇总表‑分析表.xlsx 工作簿	绑定 Excel 工作簿
4	关闭工作簿	关闭 Excel 工作簿

7.4 开发步骤

开发"流量数据分析"机器人涉及前期准备、指令设置和流程块的编辑三个步骤。在前期准备阶段,需要创建新的流程块并编辑基本信息,同时确保所有必要的素材和数据文件已经准备就绪。在指令设置阶段,需要通过 UiBot Creator 设置机器人执行的具体指令,包括数据的读取、处理、汇总和报表的生成。这一步骤需要细致地规划每个操作,确保机器人能够准确地执行数据整合和分析任务。通过这些开发步骤,可以构建一个自动化的商务报告制作流程,从而提高报告生成的速度和质量,减少人工干预,避免发生错误。

7.4.1 前期准备

前期准备的第一步是新建流程。打开 UiBot Creator,新建"流量数据分析"机器人流程。新建完成后,系统自动进入流程界面。依次新建流程块,编辑各流程块基本信息,保存文件。

第二步,存放案例素材。将源文件夹"整体"和源文件"本店数据汇总表.xlsx"工作簿存放至机器人工程文件 res 文件夹下,如图 7-5 所示。

图 7-5 放至 res 文件夹下

7.4.2 指令设置

1. 流程块 1:商品评价信息获取并自动发送邮件

打开 UiBot Creator,进入"流量数据分析机器人"流程界面,单击"每日流量来源数据汇总"流程块的编辑按钮,进入可视化代码开发界面,开始设置由机器人执行的指令,如图 7-6 所示。

1)步骤 1:读取汇总表数据

(1)打开数据汇总表。添加"打开 Excel 工作簿"命令,在"属性"中单击"文件路径"下的"Exp",并填写"@res"本店数据汇总表.xlsx"",更改"输出到"为"汇总表",如图 7-7 所示。

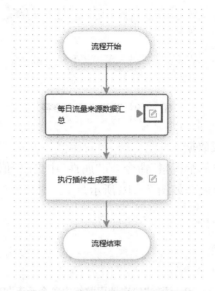

图 7-6　打开流程块 1 开发界面

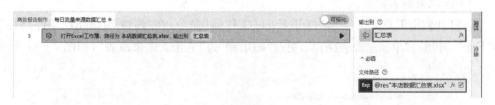

图 7-7　打开数据汇总表

（2）读取汇总表数据，添加"读取区域"命令，在"属性"中更改"输出到"为"汇总表数据"，更改"工作簿对象"为"汇总表"，更改"区域"为"A3"，如图 7-8 所示。

图 7-8　读取汇总表数据

2）步骤 2：获取来源表路径

添加"获取文件或文件夹列表"命令，在"属性"中单击"路径"下的"Exp"，并填写"@res"整体""，更改"输出到"为"每日流量来源表"，如图 7-9 所示。

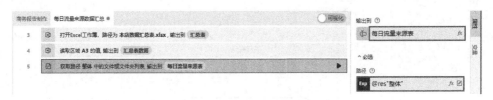

图 7-9　获取来源表路径

3）步骤 3：遍历来源表数据

添加"依次读取数组中每个元素"命令，在"属性"中更改"值"为"单张来源表路径"，更改"数组"为"每日流量来源表"，如图 7-10 所示。

图 7-10　添加"依次读取数组中每个元素"命令

（1）读取来源表数据。

① 打开数据汇总表。添加"打开 Excel 工作簿"命令，在"属性"中单击"文件路径"下的"Exp"，并填写"单张来源表路径"，更改"输出到"为"单张流量来源表"，如图 7-11 所示。

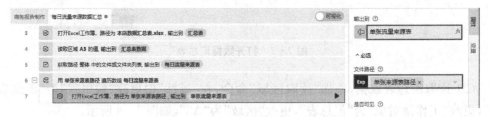

图 7-11　打开数据汇总表

② 读取汇总表数据，添加"读取区域"命令，在"属性"中更改"输出到"为"流量来源表数据"，更改"工作簿对象"为"单张流量来源表"，更改"工作表"为"无线流量来源"，更改"区域"为"A7"，如图 7-12 所示。

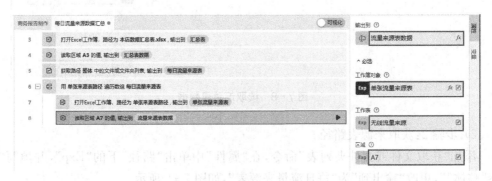

图 7-12　读取汇总表数据

（2）获取来源表名称中的日期。

① 获取来源表名称，添加"获取名称"命令，在"属性"中更改"输出到"为"单张来源表名称"，单击"路径"下的"Exp"，并填写"单张来源表路径"，如图 7‑13 所示。

图 7‑13　获取来源表名称

② 只获取来源表名称中的时间信息，添加"替换字符串"命令，在"属性"中更改"输出到"为"日期"，单击"目标字符串"下的"Exp"，并填写"单张来源表名称"，更改"查找内容"为"整体无线店铺流量来源报表"，如图 7‑14 所示。

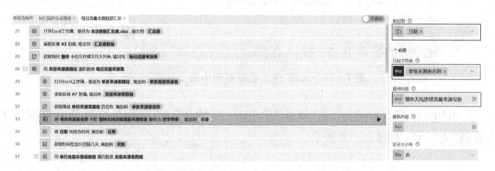

图 7‑14　获取来源表名称中时间信息

③ 转换为时间格式，添加"字符串转换为时间"命令，在"属性"中更改"输出到"为"日期"，单击"时间文本"下的"Exp"，并填写"日期"，更改"时间文本格式"为"yyyy.mmm.dd"，如图 7‑15 所示。

图 7‑15　转换为时间格式

④ 获取日期中的天数,添加"获取第几天"命令,在"属性"中更改"输出到"为"天数",更改"时间"为"日期",如图 7 - 16 所示。

图 7 - 16 获取日期中的天数

(3) 遍历来源表数据。

① 添加"依次读取数组中每个元素"命令,在"属性"中更改"值"为"单行流量来源表数据",更改"数组"为"流量来源表数据",如图 7 - 17 所示。

图 7 - 17 添加"依次读取数组中每个元素"命令

② 添加"变量赋值"命令,在"属性"中更改"变量名"为"新增单行汇总表数据",更改"变量值"为"[]",如图 7 - 18 所示。

图 7 - 18 添加"变量赋值"命令

③ 添加"变量赋值"命令,在"属性"中更改"变量名"为"汇总表包含来源报表数据",更改"变量值"为"false",如图 7 - 19 所示。

④ 遍历汇总表数据。添加"依次读取数组中每个元素"命令,在"属性"中更改"值"为"单行汇总表数据",更改"数组"为"汇总表数据",如图 7 - 20 所示。

⑤ 判断来源表数据在汇总表中是否存在,添加"如果条件成立"命令,在"属性"中更改"判断表达式"为"单行流量来源表数据[2]=单行汇总表数据[2]",如图 7 - 21 所示。

⑥ 将来源表数据赋值给单个汇总表数据。

图 7-19　添加"变量赋值"命令

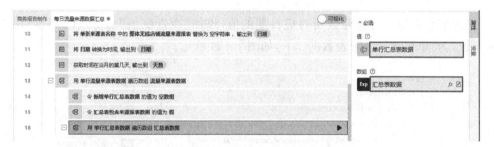

图 7-20　添加"依次读取数组中每个元素"命令

图 7-21　判断来源表数据在汇总表中是否存在

　　修改单行来源表数据，添加"替换字符串"命令，在"属性"中更改"输出到"为"单行流量来源表数据[3]"，单击"目标字符串"下的"Exp"，并填写"单行流量来源表数据[3]"，更改"查找内容"为"，"，如图 7-22 所示。

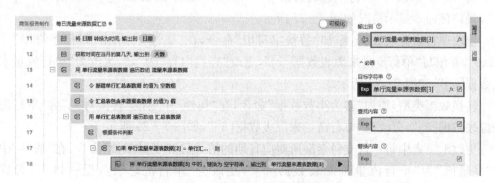

图 7-22　修改单行来源表数据

转换数据类型,添加"转为小数数据"命令,在"属性"中更改"输出到"为"单行流量来源表数据[3]",更改"转换对象"为"单行流量来源表数据[3]",如图7-23所示。

图7-23 转换数据类型

更改汇总表每一行访客数所对应日期的值,添加"变量赋值"命令,在"属性"中更改"变量值"为"单行流量来源表数据[3]",如图7-24所示。

图7-24 更改汇总表每一行访客数所对应日期的值

单击"可视化"进入源代码界面,如图7-25所示。

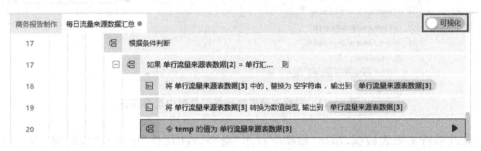

图7-25 进入源代码界面

将"temp"修改为"单行汇总表数据[(3+(天数-14))]",如图7-26所示。

最终该命令显示情况如图7-27所示。

修改单行来源表数据,添加"替换字符串"命令,在"属性"中单击"目标字符串"下的"Exp",并填写"单行流量来源表数据[5]",更改"查找内容"为",",更改为"单行流量来源表数据[5]",如图7-28所示。

转换数据类型,添加"转为小数数据"命令,在"属性"中更改"转换对象"为"单行流量来源表数据[5]",更改为"单行流量来源表数据[5]",如图7-29所示。

更改汇总表中每一行支付金额所对应日期的值,添加"变量赋值"命令,在"属性"中更改"变量值"为"单行流量来源表数据[5]",更改为"单行汇总表数据[(11+(天数-14))]",如图7-30所示。

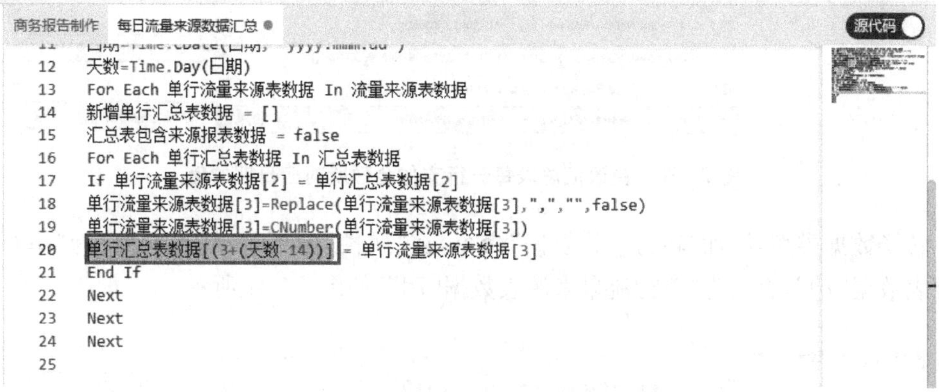

```
商务报告制作　每日流量来源数据汇总 ●                                          源代码
11    口ّۨ=٢۱me.CDate(口ّۨ), yyyy.mmm.dd )
12    天数=Time.Day(日期)
13    For Each 单行流量来源表数据 In 流量来源表数据
14    新增单行汇总表数据 = []
15    汇总表包含来源报表数据 = false
16    For Each 单行汇总表数据 In 汇总表数据
17    If 单行流量来源表数据[2] = 单行汇总表数据[2]
18    单行流量来源表数据[3]=Replace(单行流量来源表数据[3],",","",false)
19    单行流量来源表数据[3]=CNumber(单行流量来源表数据[3])
20    单行汇总表数据[(3+(天数-14))] = 单行流量来源表数据[3]
21    End If
22    Next
23    Next
24    Next
25
```

图 7 - 26　将 "temp" 修改

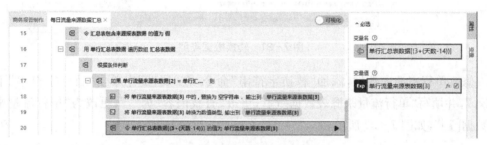

图 7 - 27　最终变量赋值命令

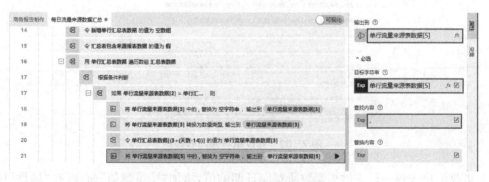

图 7 - 28　修改单行来源表数据

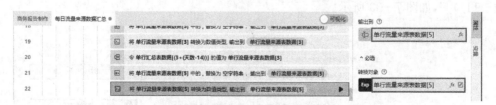

图 7 - 29　转换数据类型

图 7－30　更改汇总表每一行支付金额所对应日期的值

转换数据类型,添加"转为小数数据"命令,在"属性"中更改"转换对象"为"单行流量来源表数据[7]",更改为"单行流量来源表数据[7]",如图 7－31 所示。

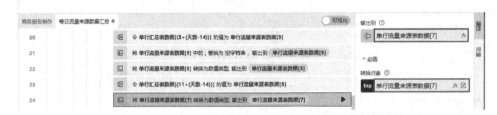

图 7－31　转换数据类型

修改单行来源表数据,添加"替换字符串"命令,在"属性"中单击"目标字符串"下的"Exp",并填写"单行流量来源表数据[7]",更改"查找内容"为",",更改为"单行流量来源表数据[7]",如图 7－32 所示。

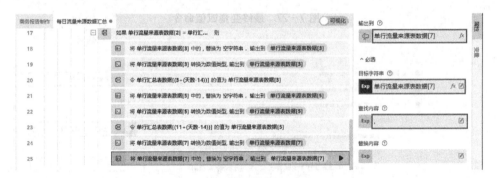

图 7－32　修改单行来源表数据

更改汇总表每一行支付买家数所对应日期的值,添加"变量赋值"命令,在"属性"中更改"变量值"为"单行流量来源表数据[7]",更改"变量名"为"单行汇总表数据[(19＋(天数－14))]",如图 7－33 所示。

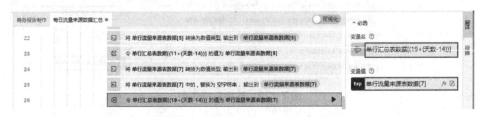

图 7－33　更改汇总表每一行支付买家数所对应日期的值

变量赋值，添加"变量赋值"命令，在"属性"中更改"变量名"为"汇总表包含来源报表数据"，更改"变量值"为"true"，如图7-34所示。

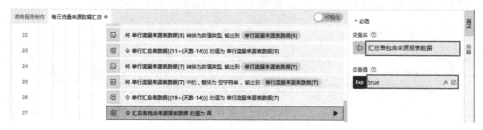

图7-34　变量赋值

跳出循环，添加"跳出循环"命令，如图7-35所示。

图7-35　跳出循环

⑦ 将来源表数据赋值给新增的单个单行汇总表数据。

判断来源表数据在汇总表中是否存在，添加"如果条件成立"命令，在"属性"中更改"判断表达式"为"汇总表包含来源报表数据＝false"，如图7-36所示。

图7-36　判断来源表数据在汇总表中是否存在

⑧ 若汇总表中不存在来源表数据则。

变量赋值,添加"变量赋值"命令,在"属性"中更改"变量值"为"单行流量来源表数据[0]",更改"变量名"为"新增单行汇总表数据[0]",如图所示 7-37 所示。

图 7-37 变量赋值

变量赋值,添加"变量赋值"命令,在"属性"中更改"变量值"为"单行流量来源表数据[1]",更改"变量名"为"新增单行汇总表数据[1]",如图 7-38 所示。

图 7-38 变量赋值

变量赋值,添加"变量赋值"命令,在"属性"中更改"变量值"为"单行流量来源表数据[2]",更改"变量名"为"新增单行汇总表数据[2]",如图 7-39 所示。

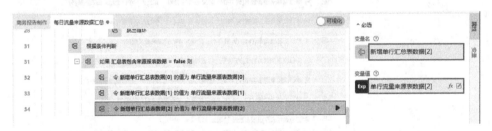

图 7-39 变量赋值

修改单行来源表数据,添加"替换字符串"命令,在"属性"中单击"目标字符串"下的"Exp",并填写"单行流量来源表数据[3]",更改"查找内容"为",",更改"变量名"为"单行流量来源表数据[3]",如图 7-40 所示。

转换数据类型,添加"转为小数数据"命令,在"属性"中更改"转换对象"为"单行流量来源表数据[3]",更改"变量名"为"单行流量来源表数据[3]",如图 7-41 所示。

变量赋值,添加"变量赋值"命令,在"属性"中更改"变量值"为"单行流量来源表数据[3]",更改"变量名"为"单行汇总表数据[(3+(天数-14))]",如图 7-42 所示。

修改单行来源表数据,添加"替换字符串"命令,在"属性"中单击"目标字符串"下的"Exp",并填写"单行流量来源表数据[5]",更改"查找内容"为",",更改"变量名"为"单行流量来源表数据[5]",如图 7-43 所示。

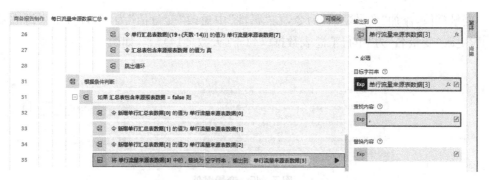

图 7-40　修改单行来源表数据

图 7-41　转换数据类型

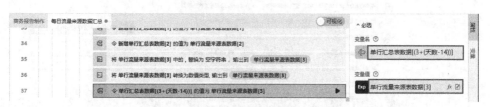

图 7-42　变量赋值

图 7-43　修改单行来源表数据

　　转换数据类型,添加"转为小数数据"命令,在"属性"中更改"转换对象"为"单行流量来源表数据[5]",更改"变量名"为"单行流量来源表数据[5]",如图 7-44 所示。

图 7-44　转换数据类型

变量赋值,添加"变量赋值"命令,在"属性"中更改"变量值"为"单行流量来源表数据[5]",更改"变量名"为"单行汇总表数据[(11+(天数-14))]",如图7-45所示。

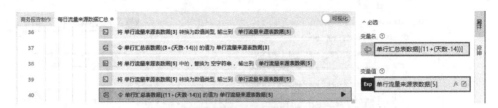

图7-45 变量赋值

修改单行来源表数据,添加"替换字符串"命令,在"属性"中单击"目标字符串"下的"Exp",并填写"单行流量来源表数据[7]",更改"查找内容"为",",更改"变量名"为"单行流量来源表数据[7]",如图7-46所示。

图7-46 修改单行来源表数据

转换数据类型,添加"转为小数数据"命令,在"属性"中更改"转换对象"为"单行流量来源表数据[7]",更改"变量名"为"单行流量来源表数据[7]",如图7-47所示。

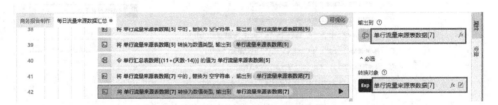

图7-47 转换数据类型

变量赋值,添加"变量赋值"命令,在"属性"中更改"变量值"为"单行流量来源表数据[7]",更改"变量名"为"单行汇总表数据[(19+(天数-14))]",如图7-48所示。

⑨ 在汇总表中汇总数据,添加"在数组尾部添加元素"命令,在"属性"中更改"目标数组"为"汇总表数据",更改"添加元素"为"新增单行汇总表数据",如图7-49所示。

⑩ 关闭表格,添加"关闭Excel工作簿"命令,在"属性"中更改"工作簿对象"为"单张流量来源表",如图7-50所示。

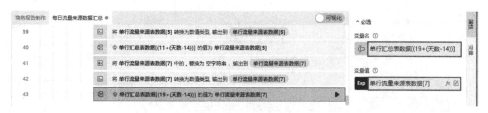

图 7-48 变量赋值

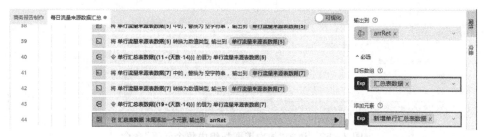

图 7-49 汇总表汇总数据

图 7-50 关闭表格

4) 步骤4:遍历汇总表数据

（1）变量赋值，添加"变量赋值"命令，在"属性"中更改"变量名"为"i"，更改"变量值"为"0"，如图 7-51 所示。

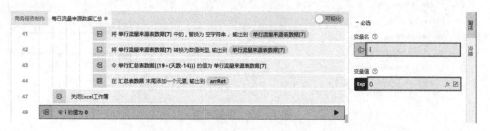

图 7-51 变量赋值

（2）变量赋值，添加"变量赋值"命令，在"属性"中更改"变量名"为"a"，更改"变量值"为"0"，如图 7-52 所示。

（3）添加"依次读取数组中每个元素"命令，在"属性"中更改"数组"为"汇总表数据"，如图 7-53 所示。

图 7-52　变量赋值

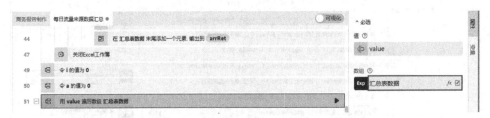

图 7-53　添加"依次读取数组中每个元素"命令

（4）计算汇总表中求和列。

变量赋值，添加"变量赋值"命令，在"属性"中更改"变量值"为"0"，更改"变量名"为"汇总表数据[i][10]"，如图 7-54 所示。

图 7-54　变量赋值

变量赋值，添加"变量赋值"命令，在"属性"中更改"变量值"为"0"，更改"变量名"为"汇总表数据[i][18]"，如图 7-55 所示。

图 7-55　变量赋值

变量赋值，添加"变量赋值"命令，在"属性"中更改"变量值"为"0"，更改"变量名"为"汇总表数据[i][26]"，如图 7-56 所示。

变量赋值，添加"变量赋值"命令，在"属性"中更改"变量值"为"汇总表数据[i][3]＋汇总表数据[i][4]＋汇总表数据[i][5]＋汇总表数据[i][6]＋汇总表数据[i][7]＋汇总表数据[i][8]＋汇总表数据[i][9]"，更改"变量名"为"汇总表数据[i][10]"，如图 7-57 所示。

图 7 - 56　变量赋值

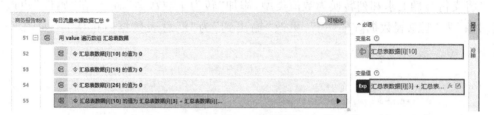

图 7 - 57　变量赋值

变量赋值，添加"变量赋值"命令，在"属性"中更改"变量值"为"汇总表数据［i］［11］＋汇总表数据［i］［12］＋汇总表数据［i］［13］＋汇总表数据［i］［14］＋汇总表数据［i］［15］＋汇总表数据［i］［16］＋汇总表数据［i］［17］"，更改"变量名"为"汇总表数据［i］［18］"，如图 7 - 58 所示。

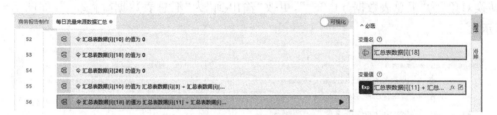

图 7 - 58　变量赋值

变量赋值，添加"变量赋值"命令，在"属性"中更改"变量值"为"汇总表数据［i］［19］＋汇总表数据［i］［20］＋汇总表数据［i］［21］＋汇总表数据［i］［22］＋汇总表数据［i］［23］＋汇总表数据［i］［24］＋汇总表数据［i］［25］"，更改"变量名"为"汇总表数据［i］［26］"，如图 7 - 59 所示。

图 7 - 59　变量赋值

将访客数的求和列转换为数值类型，添加"转为小数数据"命令，在"属性"中更改"转换对象"为"汇总表数据［i］［10］"，更改"输出到"为"汇总表数据［i］［10］"，如图 7 - 60 所示。

图 7-60 转换为数值类型

将支付金额的求和列转换为数值类型,添加"转为小数数据"命令,在"属性"更改"转换对象"为"汇总表数据[i][18]",更改"输出到"为"汇总表数据[i][18]",如图 7-61所示。

图 7-61 转换为数值类型

将支付买家数的求和列转换为数值类型,添加"转为小数数据"命令,在"属性"中更改"转换对象"为"汇总表数据[i][26]",更改"输出到"为"汇总表数据[i][26]",如图 7-62所示。

图 7-62 转换为数值类型

判断是否有数据,添加"如果条件成立"命令,在"属性"中更改"判断表达式"为"汇总表数据[i][10]<>0 or 汇总表数据[i][18]<>0 or 汇总表数据[i][26]<>0",如图 7-63 所示。

图 7-63 判断是否有数据

创建流程块变量,将"变量"为"汇总表最终数据","值"为"[ ]",如图 7 - 64 所示。

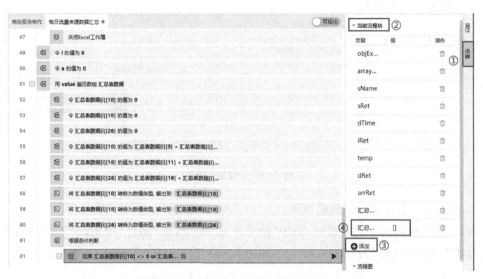

图 7 - 64　创建流程块变量

给汇总表最终数据赋值,添加"变量赋值"命令,在"属性"中更改"变量值"为"汇总表数据[i]",更改"变量名"为"汇总表最终数据[a]",如图 7 - 65 所示。

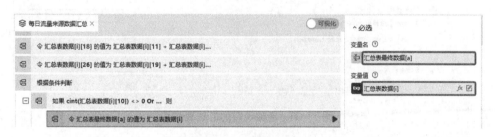

图 7 - 65　数据赋值

增加 a 的值,添加"变量赋值"命令,在"属性"中更改"变量名"为"a",更改"变量值"为"a＋1",如图 7 - 66 所示。

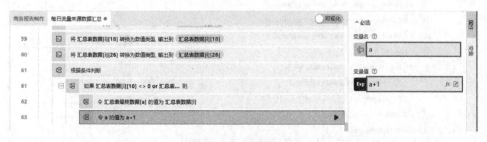

图 7 - 66　增加 a 的值

增加 i 的值,添加"变量赋值"命令,在"属性"中更改"变量名"为"i",更改"变量值"为"i+1",如图 7-67 所示。

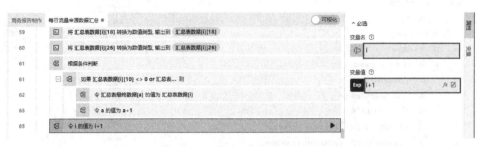

图 7-67　增加 i 的值

5) 步骤 5:汇总表最终数据排序

(1) 清除现有的汇总表数据,添加"清除区域"命令,在"属性"中更改"工作簿对象"为"汇总表",更改"区域"为"A3:AA337",如图 7-68 所示。

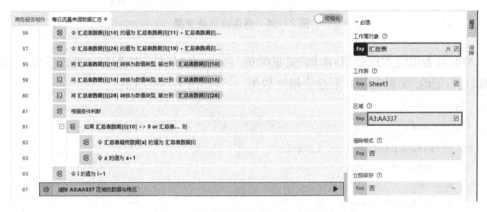

图 7-68　清除现有的汇总表数据

(2) 读取汇总表中的含日期行数据,添加"读取行"命令,在"属性"中更改"输出到"为"表头",更改"工作簿对象"为"汇总表",更改"单元格"为"A2",如图 7-69 所示。

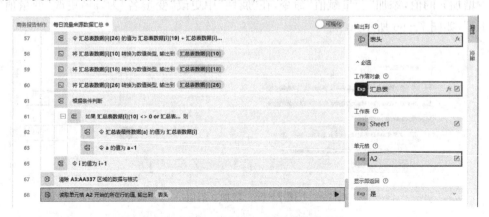

图 7-69　读取汇总表中的含日期行数据

（3）将读取到的汇总表数据转换为数据表，添加"构建数据表"命令，在"属性"中更改"输出到"为"排序表"，更改"构建数据"为"汇总表最终数据"，更改"表格列头"为"表头"，如图7-70所示。

图7-70　将读取到的汇总表数据转换为数据表

（4）对排序表排序，添加"数据表排序"命令，在"属性"中更改"输出到"为"排序表"，更改"源数据表"为"排序表"，中单击"排序列"下的"Exp"，并填写"["流量来源"]"，如图7-71所示。

图7-71　对排序表排序

（5）将排序后的排序表转换为数组，添加"转换为数组"命令，在"属性"中更改"输出到"为"汇总表最终数据"，更改"源数据表"为"排序表"，如图7-72所示。

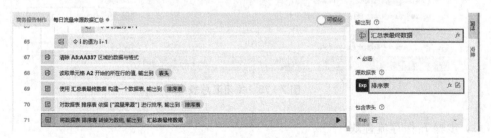

图7-72　排序表转换为数组

6）步骤6：填写汇总最终数据

（1）填写汇总最终数据，添加"写入行"命令，在"属性"中更改"工作簿对象"为"汇总表",更改"单元格"为"A3",更改"数据"为"汇总表最终数据",如图 7-73 所示。

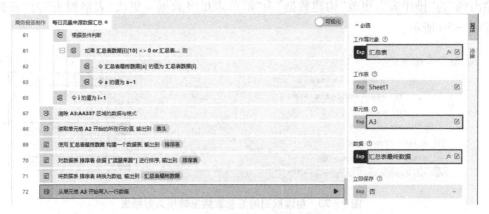

图 7-73　填写汇总最终数据

（2）另存工作簿，添加"另存 Excel 工作簿"命令，在"属性"中更改"工作簿对象"为"汇总表"，单击"文件路径"下的"Exp"，并填写"@res"本店数据汇总表-分析表. xlsx""，如图 7-74 所示。

图 7-74　另存工作簿

（3）关闭汇总表，添加"关闭 Excel 工作簿"命令，在"属性"中更改"工作簿对象"为"汇总表"，更改"立即保存"为"否"，如图 7-75 所示。

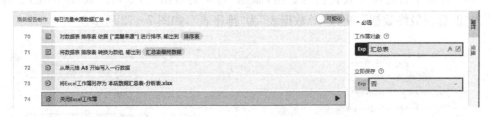

图 7-75　关闭汇总表

7）步骤 7:保存流程块

本流程块可视化代码全部完成后（见图 7-76），在当前流程开发界面，单击"保存"图标，保存本流程可视化代码。

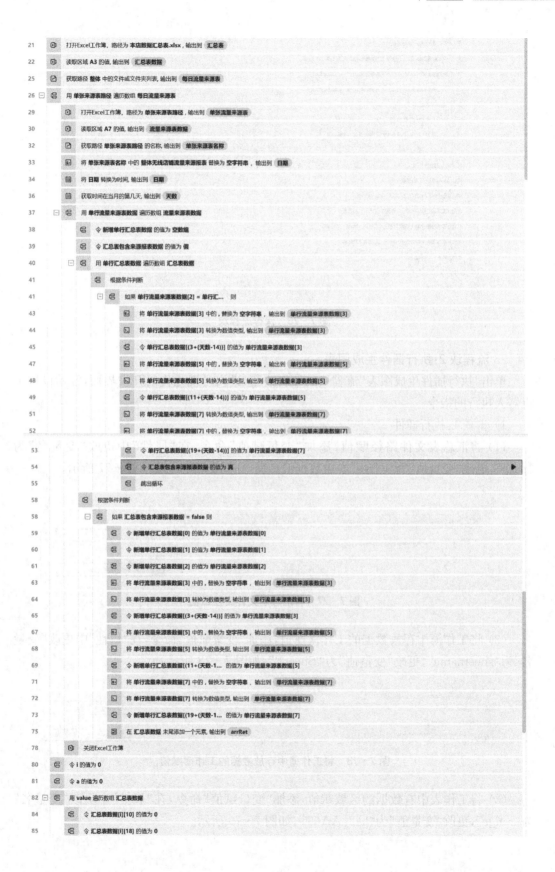

21		打开Excel工作簿，路径为 **本店数据汇总表.xlsx**，输出到 **汇总表**
22		读取区域 **A3** 的值，输出到 **汇总表数据**
25		获取路径 **整体** 中的文件或文件夹列表，输出到 **每日流量来源表**
26		用 **单张来源表路径** 遍历数组 **每日流量来源表**
29		打开Excel工作簿，路径为 **单张来源表路径**，输出到 **单张流量来源表**
30		读取区域 **A7** 的值，输出到 **流量来源表数据**
32		获取路径 **单张来源表路径** 的名称，输出到 **单张来源表名称**
33		将 **单张来源表名称** 中的 **整体无线店铺流量来源报表** 替换为 **空字符串**，输出到 **日期**
34		将 **日期** 转换为时间，输出到 **日期**
36		获取时间在当月的第几天，输出到 **天数**
37		用 **单行流量来源表数据** 遍历数组 **流量来源表数据**
38		令 新增单行汇总表数据 的值为 **空数组**
39		令 汇总表包含来源报表数据 的值为 **假**
40		用 **单行汇总表数据** 遍历数组 **汇总表数据**
41		根据条件判断
41		如果 **单行流量来源表数据[2] = 单行汇...** 则
43		将 **单行流量来源表数据[3]** 中的，替换为 **空字符串**，输出到 **单行流量来源表数据[3]**
44		将 **单行流量来源表数据[3]** 转换为数值类型，输出到 **单行流量来源表数据[3]**
45		令 单行汇总表数据[(3+(天数-14))] 的值为 单行流量来源表数据[3]
47		将 **单行流量来源表数据[5]** 中的，替换为 **空字符串**，输出到 **单行流量来源表数据[5]**
48		将 **单行流量来源表数据[5]** 转换为数值类型，输出到 **单行流量来源表数据[5]**
49		令 单行汇总表数据[(11+(天数-14))] 的值为 单行流量来源表数据[5]
51		将 **单行流量来源表数据[7]** 转换为数值类型，输出到 **单行流量来源表数据[7]**
52		将 **单行流量来源表数据[7]** 中的，替换为 **空字符串**，输出到 **单行流量来源表数据[7]**
53		令 单行汇总表数据[(19+(天数-14))] 的值为 单行流量来源表数据[7]
54		令 汇总表包含来源报表数据 的值为 **真**
55		跳出循环
58		根据条件判断
58		如果 **汇总表包含来源报表数据 = false** 则
59		令 新增单行汇总表数据[0] 的值为 单行流量来源表数据[0]
60		令 新增单行汇总表数据[1] 的值为 单行流量来源表数据[1]
61		令 新增单行汇总表数据[2] 的值为 单行流量来源表数据[2]
63		将 **单行流量来源表数据[3]** 中的，替换为 **空字符串**，输出到 **单行流量来源表数据[3]**
64		将 **单行流量来源表数据[3]** 转换为数值类型，输出到 **单行流量来源表数据[3]**
65		令 新增单行汇总表数据[(3+(天数-14))] 的值为 单行流量来源表数据[3]
67		将 **单行流量来源表数据[5]** 中的，替换为 **空字符串**，输出到 **单行流量来源表数据[5]**
68		将 **单行流量来源表数据[5]** 转换为数值类型，输出到 **单行流量来源表数据[5]**
69		令 新增单行汇总表数据[(11+(天数-1...** 的值为 单行流量来源表数据[5]
71		将 **单行流量来源表数据[7]** 中的，替换为 **空字符串**，输出到 **单行流量来源表数据[7]**
72		将 **单行流量来源表数据[7]** 转换为数值类型，输出到 **单行流量来源表数据[7]**
73		令 新增单行汇总表数据[(19+(天数-1...** 的值为 单行流量来源表数据[7]
75		在 **汇总表数据** 末尾添加一个元素，输出到 **arrRet**
78		关闭Excel工作簿
80		令 **i** 的值为 **0**
81		令 **a** 的值为 **0**
82		用 **value** 遍历数组 **汇总表数据**
84		令 汇总表数据[i][10] 的值为 0
85		令 汇总表数据[i][18] 的值为 0

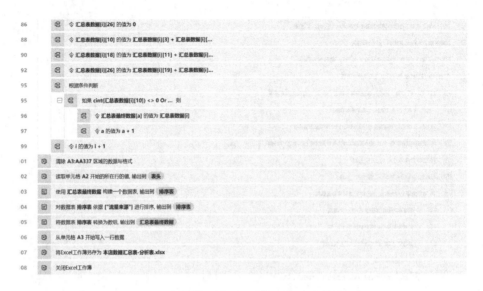

图 7-76　保存流程块

2. 流程块 2:执行插件生成图表

单击"执行插件生成图表"流程块的编辑按钮,进入可视化代码开发界面,开始设置由机器人执行的指令。

1) 步骤 1:执行插件

(1) 将汇总表文件路径赋值,添加"变量赋值"命令,在"属性"中更改"变量名"为"path",更改"变量值"为"@res"本店数据汇总表-分析表. xlsx",如图 7-77 所示。

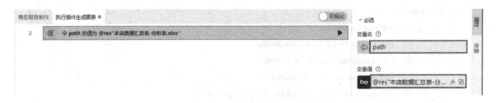

图 7-77　将汇总表文件路径赋值

(2) 将工作簿中存放数据的工作簿赋值,添加"变量赋值"命令,在"属性"中更改"变量名"为"sheetname",更改"变量值"为"'Sheet1'",如图 7-78 所示。

图 7-78　将工作簿中存放数据的工作簿赋值

(3) 将工作表中有数据的区域赋值,添加"变量赋值"命令,在"属性"中更改"变量名"为"range",更改"变量值"为"'A2:AA69'",如图 7-79 所示。

图 7 - 79　将工作表中有数据的区域赋值

（4）使用插件。

将插件存放至工程文件 extend 中 python 文件夹下，如图 7 - 80 所示。

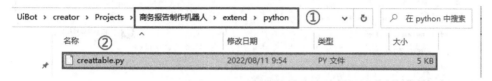

图 7 - 80　将插件存放至工程文件

单击"可视化"进入源代码界面，如图 7 - 81 所示。

图 7 - 81　单击"可视化"

在源代码界面输入"creattable. creattable(path,sheetname,range)"，单击"源代码"进入可视化界面，如图 7 - 82 所示。

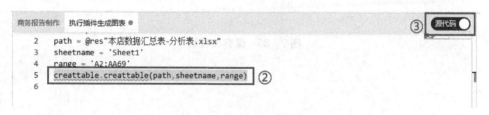

图 7 - 82　在源代码界面输入

（5）绑定本店数据汇总表-分析表. xlsx 工作簿，添加"绑定 Excel 工作簿"命令，在属性中单击"文件名"下的"Exp"，并填写"@res"本店数据汇总表-分析表. xlsx""，如图 7 - 83 所示。

（6）关闭工作簿，添加"关闭 Excel 工作簿"命令，如图 7 - 84 所示。

2）步骤 2：保存流程块

本流程块可视化代码全部完成，如图 7 - 85 所示。保存流程块，返回到流程图界面。单击"保存"，保存本案例全部流程。

商务报告制作
执行插件生成图表
可视化
2 令 path 的值为 @res"本店数据汇总表-分析表.xlsx"
3 令 sheetname 的值为 Sheet1
4 令 range 的值为 A2:AA69
5 creattable.creattable(path,sheetname,range)
6 绑定打开的工作簿 本店数据汇总表-分析表.xlsx，输出到 objExcelWorkBook
输出到
objExcelWorkBook
必选
文件名
本店数据汇总表-分析表.xlsx

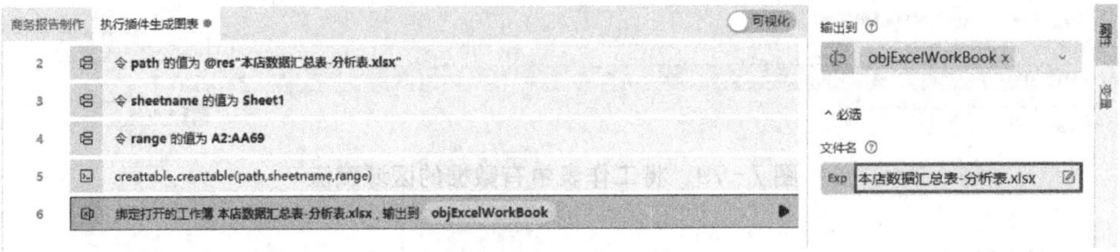

图 7－83　绑定本店数据汇总表-分析表.xlsx 工作簿

商务报告制作
执行插件生成图表
可视化
2 令 path 的值为 @res"本店数据汇总表-分析表.xlsx"
3 令 sheetname 的值为 Sheet1
4 令 range 的值为 A2:AA69
5 creattable.creattable(path,sheetname,range)
6 绑定打开的工作簿 本店数据汇总表-分析表.xlsx，输出到 objExcelWorkBook
7 关闭Excel工作簿
必选
工作簿对象
objExcelWorkBook
立即保存
是

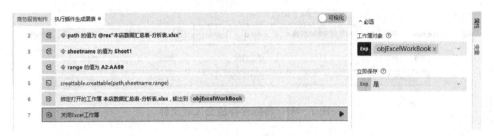

图 7－84　关闭工作簿

商务报告制作
执行插件生成图表
2 令 path 的值为 @res"本店数据汇总表-分析表.xlsx"
3 令 sheetname 的值为 Sheet1
4 令 range 的值为 A2:AA69
5 creattable.creattable(path,sheetname,range)
6 绑定打开的工作簿 本店数据汇总表-分析表.xlsx，输出到 objExcelWorkBook
7 关闭Excel工作簿

图 7－85　保存流程块

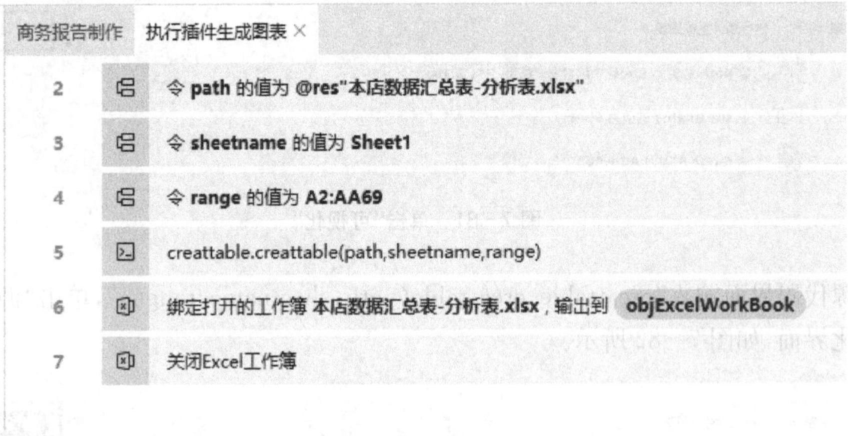

第8章

客户分析

客户分析是电商运营中的核心环节,它涉及对客户反馈的深入理解和挖掘。本部分将探讨如何通过自动化工具来收集和分析客户反馈,特别是针对差评进行快速响应和处理。

自动化流程将包括从电商平台抓取评价数据、识别和分类差评以及将关键信息汇总并发送给相关部门等步骤。通过这种方式,可以提高客户服务的效率,及时解决客户的问题,从而提升客户满意度和忠诚度。自动化工具的应用不仅能够减少烦琐的人工操作,还能够确保信息的准确性和及时性,为店铺的持续改进和客户关系的维护提供支持。

8.1 业务场景

某公司为某电商平台上一家较为成熟的、以经营数码电子类产品为主的店铺。今日,公司来了一名新的实习生小王,小王在客服部门轮岗的过程中了解到,为了给店铺的运营决策提供依据,需要分析客户对产品的评价反馈。但是客户的主观评价分析不好掌握,主要通过电商平台自带的分类工具进行分类分析。尤其是遇到客户给商品打中评甚至差评时,客服部门需要立即通过电话或其他方式与客户进行沟通。

于是,小王与店铺数据分析员阿明讨论:"嗨,阿明,对于产品评价中的差评数据,我们要经常查看,并且认真对待,及时与差评用户沟通等,我们可否用 RPA 这一工具来收集整理客户的评价,明确需要解决的问题呢?"

阿明:"是个不错的想法,你打算具体怎么做?"

小王:"商品评价中的差评是我们需要着重去分析查看的,了解客户不满是促进咱们改进的重要途径。客户产生不满的原因主要包括:物流问题、产品质量问题、服务问题等。但是具体的情况还需要我们及时了解,快速反映。"

阿明:"嗯,思路很清晰,但是评价数据很复杂,具体该如何实施呢?"

小王:"可以采用 RPA 自动化流程工具,定期抓取差评信息,包括商品名称、商品链接、差评文本内容等,并进行汇总统计,然后发送给负责售后的团队主管,这样售后团队就不必逐个查看"。

阿明:"这样的话,过程简便,最终结果清晰,我认为可行!"

8.2 需求分析

在电商平台上,客户的评价反馈是衡量商品及服务满意度的重要指标。本项目的主要需求在于设计一个自动化流程,该流程能够高效地收集和分析客户评价,尤其是差评,以便于快速响应。这个流程将包括从电商平台自动抓取评价数据,对数据进行分类和筛选,以及生成包含关键反馈的报告等步骤。自动化工具可以帮助店铺运营团队节省时间,减少手动处理数据可能造成的错误,同时提供更深入的客户洞察,从而做出更加精准的业务决策。

1. 业务流程概述

商品评价是用户对与商品的直接反馈,充分分析商品评价,尤其是其中的负面评价,对于进一步满足客户需求,提升服务质量十分有效。但是平台对于文本评价给出的标签相对简洁,因此要对差评进行实时监控,快速地做出反映。

2. 业务操作步骤

具体操作步骤如表 8 - 1 所示。

表 8 - 1　操作步骤

序号	步骤	详细描述
1	打开商品评价信息工作簿	打开《Happiness limits 快乐 商品评价信息.xlsx》工作簿
2	打开淘宝店铺首页	打开淘宝店铺首页平台
3	查看所有商品并按销量排序	查看店铺所有宝贝,并按销量排行
4	抓取销量前十的商品信息	抓取商品名称及商品链接
5	将商品名称及商品链接录入商品评价信息工作簿	将销量前十的商品名称与商品链接逐一录入商品评价信息工作簿
6	进入每个商品页面,获取差评信息	依次打开每一个商品链接,查看商品评价中的差评信息
7	差评汇总	汇总每一个商品的差评信息,差评数据非空时,抓取差评数据并写入商品评价信息工作簿,若无差评则写入"恭喜,该产品没有差评"并标黄单元格
8	将差评汇总表发送至售后团队负责人邮箱	发送邮件

3. 业务痛点

快速获取所关注的商品的差评数据,使售后团队对于造成客户不满的突出问题一目了然,便于其在后续工作中集中精力解决。

及时获取客户评价数据并反馈给售后负责人,实现对于整个店铺商品的实时监管,客户评价数据的一键汇总,避免了手动查看的繁杂。

8.3　设计思路

根据前述需求分析,设计开发"评价获取分析"机器人。本案例设计思路和开发流程如图 8-1、图 8-2、图 8-3、图 8-4 所示。

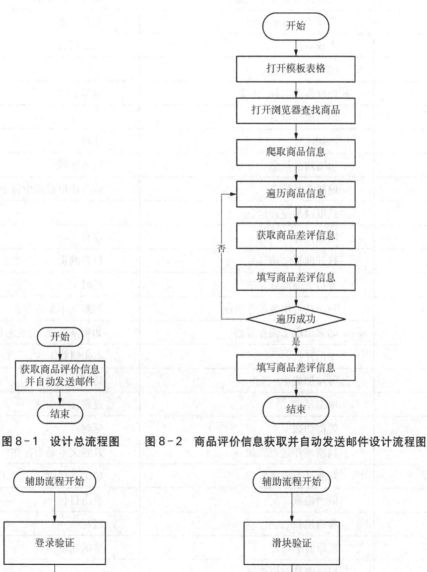

图 8-1　设计总流程图　　图 8-2　商品评价信息获取并自动发送邮件设计流程图

图 8-3　登入验证设计流程图　　　　图 8-4　滑块验证设计流程图

本案例的执行步骤及其涉及的命令如表8-2、表8-3、表8-4所示。

表8-2　商品评价信息获取并自动发送邮件的执行步骤及命令

序号	流程描述	命令名称
1	打开模板表格	打开 Excel 工作簿
2	打开浏览器查找商品	
	打开浏览器至指定网页	注释、启动新的浏览器
	更改浏览器显示状态	更改窗口显示状态
	等待窗口加载完毕	等待元素
	查找商品	点击目标
3	爬取商品信息	
	抓取商品名称、链接	数据抓取
4	填写商品信息	
	增加注释	注释
	填写商品信息	写入区域
5	遍历商品信息	依次读取数组中每个元素
	获取商品差评信息	
	增加注释	注释
	打开网页链接	打开网页
	等待页面加载完毕	延时
	判断是否出现领券界面	判断文本是否存在
	如果出现了领券界面	如果条件成立、点击目标
	单击评价	点击目标
	等待加载	延时
	单击差评	设置元素勾选
	等待加载	延时
	判断差评是否隐藏	判断文本是否存在
	判断是否出现折叠	如果条件成立
	取消隐藏	点击目标
	等待加载	延时
	抓取商品差评	数据抓取
6	填写商品差评信息	
	将差评转换为字符串	转为文字数据
	增加注释	注释

（续表）

序号	流程描述	命令名称
	判断是否有差评	如果条件成立
	添加流程图变量	
	若无差评，告知用户无差评	写入单元格
	凸显单元格，设置单元格颜色	设置单元格颜色
	否则，表示含有差评	否则执行后续操作
	将差评信息写入单元格	写入列
	为 i 赋值	变量赋值
	关闭工作簿	关闭 Excel 工作簿
	关闭网页	关闭标签页
7	发送邮件	
	增加注释	注释
	发送邮件	发送邮件

表 8-3 登录验证的执行步骤及命令

序号	流程描述	命令名称
1	无限循环登录验证	无限循环执行操作
2	判断是否需要登录	判断元素是否存在
3	若需要登录	如果条件成立
4	弹框输入登录账号	输入对话框
5	弹框输入登录密码	输入对话框
6	在目标中输入登录账号	在目标中输入
7	在目标中输入登录密码	在目标中输入
8	单击登录	点击目标
9	等待加载	延时

表 8-4 滑块验证的执行步骤及命令

序号	流程描述	命令名称
1	无限循环滑块验证	无限循环执行操作
2	判断是否需要滑动验证	判断文本是否存在
3	判断是否需要滑块验证	如果条件成立
4	将鼠标移到滑块出发点	移动到目标上
5	获取鼠标位置	获取鼠标位置

（续表）

序号	流程描述	命令名称
6	滑动滑块	模拟拖动
7	等待加载	延时
8	单击刷新	模拟点击
9	等待加载	延时

8.4 开发步骤

开发"评价获取分析"机器人涉及详细的流程规划和指令设置等步骤。在前期准备阶段，需要创建流程框架，准备所有必要的素材和数据文件，确保环境配置正确。接下来，通过 UiBot Creator 设置具体的自动化指令，包括但不限于打开和操作 Excel 工作簿、控制浏览器获取网页数据、抓取和处理商品评价信息，以及发送邮件。每个步骤都需要精确的命令和参数设置，以确保机器人能够准确无误地执行任务。通过这些开发步骤，可以构建一个完整的自动化解决方案，实现对客户评价的快速获取和分析，提高客户服务的响应速度和质量。

8.4.1 前期准备

1. 新建流程块

（1）新建流程。打开 UiBot Creator，新建"评价获取分析机器人"流程。新建完成，系统自动进入流程界面。

（2）编辑流程块。依次新建流程块，编辑各流程块基本信息，保存文件。

2. 存放案例素材

将源文件"Happiness limits 快楽 商品评价信息. xlsx"工作簿存放至机器人工程文件 res 文件夹下，如图 8-5 所示。

图 8-5　将源文件存放至机器人工程文件 res 文件夹下

8.4.2 指令设置

1. 流程块：商品评价信息获取并自动发送邮件

打开 UiBot Creator，进入"评价获取分析机器人"流程界面，单击"商品评价信息获取并自动发送邮件"流程块的编辑按钮，进入可视化代码开发界面，开始设置由机器人执行的指令，如图8-6所示。

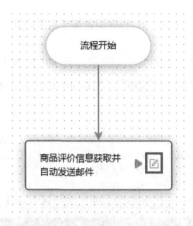

图8-6 打开流程块1开发界面

1) 步骤1：打开模板表格

添加"打开 Excel 工作簿"命令，在属性中单击"文件路径"下的"Exp"，并填写"@res"Happiness limits 快乐 商品评价信息. xlsx""，更改"打开方式"为"Excel"，如图8-7所示。

图8-7 打开模板表格

2) 步骤2：打开浏览器查找商品

(1) 打开浏览器至指定网页，如图8-8所示。添加"注释"命令，在"属性"中更改"注释内容"为"获取 TOP 十商品信息"，添加"启动新的浏览器"命令，在"属性"中更改"浏览器类型"为"Google Chrome"，更改"打开链接"为 https://shop172170297. taobao. com/? spm＝a230r. 7195193. 1997079397. 2. 42f85168rCJSpu。

图 8-8　打开浏览器至指定网页

（2）更改浏览器显示状态，如图 8-9 所示。添加"更改窗口显示状态"命令，在"可视化"中单击"未指定"单击"从界面上选取"，单击"指定网页"，在"属性"中更改"显示状态"为"最大化"。

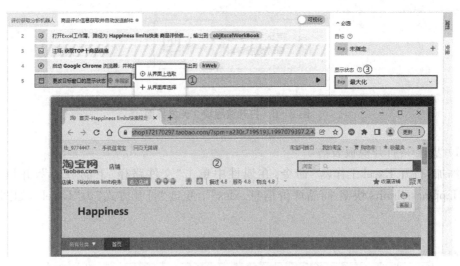

图 8-9　更改浏览器显示状态

（3）等待窗口加载完毕。添加"等待元素"命令，在"可视化"中单击"未指定"单击，"从界面上选取"，进入指定淘宝店铺首页后，选中店铺名称并单击，如图 8-10 所示。

图 8-10　等待窗口加载完毕

（4）查找商品。

① 添加"点击目标"命令，在"可视化"中单击"未指定"，单击"从界面上选取"，选择查看所有宝贝并单击左键，如图 8-11 所示。

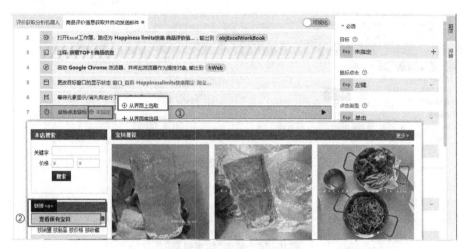

图 8-11 添加"点击目标"命令

② 添加"点击目标"命令，在"可视化"中单击"未指定"，单击"从界面上选取"，选中销量并单击左键，如图 8-12 所示。

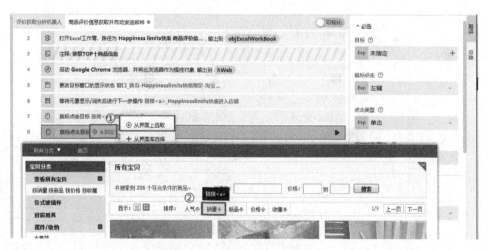

图 8-12 添加"点击目标"命令

③ 添加"点击目标"命令，在"可视化"中单击"未指定，"单击"从界面上选取"，选中列表并单击，如图 8-13 所示。

3）步骤 3：爬取商品信息

（1）抓取商品名称、商品链接。

① 在工具栏中单击"数据抓取"，如图 8-14 所示。

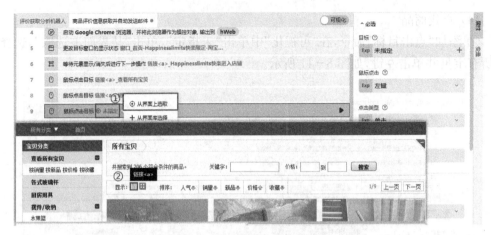

图 8 - 13　添加"点击目标"命令

图 8 - 14　单击"数据抓取"

② 在"数据抓取"中单击"选择目标",如图 8 - 15 所示。

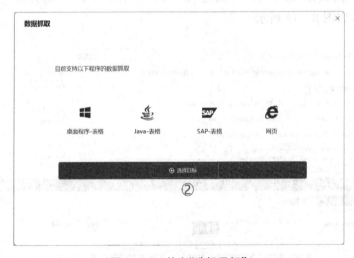

图 8 - 15　单击"选择目标"

③ 获取商品名称,在网页中鼠标移动至商品名称处,选中名称并显示为"链接<a>"后,单击,如图 8 - 16 所示。

④ 再次选取目标,在"数据抓取"中单击"选择目标",如图 8 - 17 所示。

⑤ 再次获取商品名称,在网页中将鼠标移动至另一个商品名称处,选中名称并显示为"链接<a>"后,单击,如图 8 - 18 所示。

⑥ 在选择抓取数据界面选择链接,在"数据抓取"中选择"链接",单击"确定",如图 8 - 19 所示。

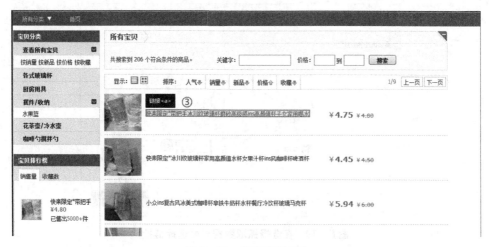

图 8-16　获取商品名称

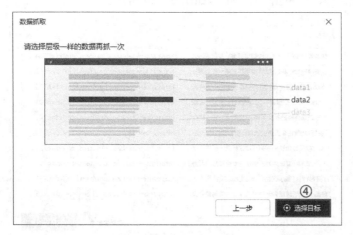

图 8-17　再次选取目标

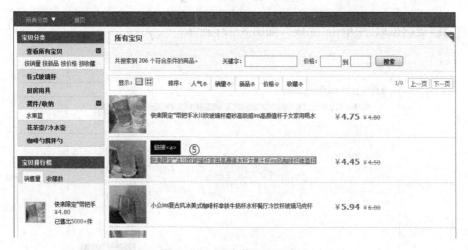

图 8-18　再次获取商品名称

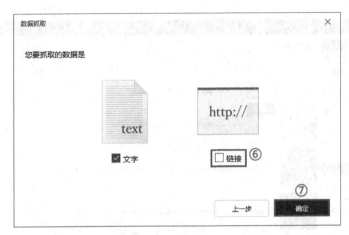

图 8 - 19　在选择抓取数据界面选择链接

⑦ 在"数据抓取"中单击"下一步",如图 8 - 20 所示。

图 8 - 20　单击"下一步"

⑧ 在"数据抓取"中单击"完成",如图 8 - 21 所示。

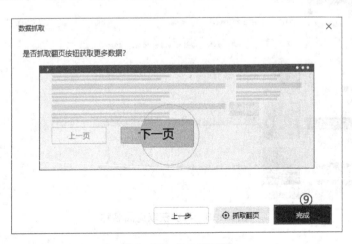

图 8 - 21　单击"完成"

⑨ 抓取完成后,选择该命令,并在"属性"中更改"输出到"为"商品",在"属性"中更改"返回结果数"为"10",如图 8-22 所示。

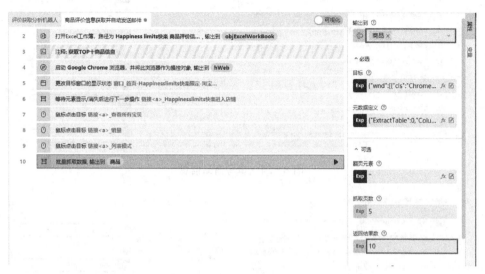

图 8-22 选择该命令

4) 步骤 4:填写商品信息

(1) 增加注释。添加"注释"命令,在"属性"中更改"注释内容"为"写入商品名称与链接",如图 8-23 所示。

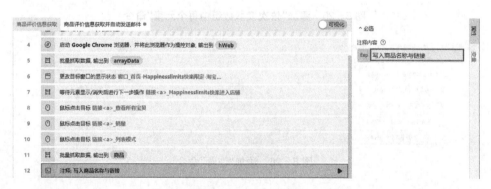

图 8-23 增加注释

(2) 填写商品信息。添加"写入区域"命令,在"属性"中更改"开始单元格"为"A2",更改"数据"为"商品",更改"立即保存"为"是",如图 8-24 所示。

5) 步骤 5:遍历商品信息

添加"依次读取数组中每个元素"命令,在"属性"中更改"值"为"单个商品",更改"数组"为"商品",如图 8-25 所示。

(1) 获取商品差评信息。

① 添加"注释"命令,在"属性"中更改"注释内容"为"获取每个商品差评",如图 8-26 所示。

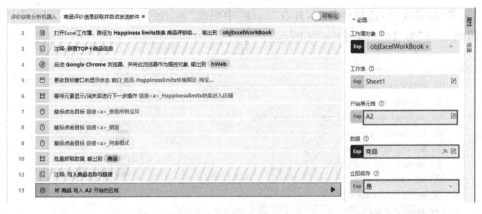

图 8-24　填写商品信息

图 8-25　添加"依次读取数组中每个元素"命令

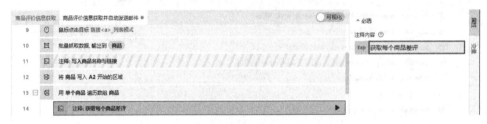

图 8-26　添加"注释"命令

② 打开商品链接网页。添加"打开网页"命令,在"属性"中单击"加载链接"下的"Exp",并填写"单个商品[1]",如图 8-27 所示。

图 8-27　打开商品链接网页

③ 等待页面加载完毕。添加"延时"命令，在"属性"中更改"延时(毫秒)"为"2000"，如图 8-28 所示。

图 8-28 等待页面加载完毕

④ 判断领券界面是否出现，添加"判断文本是否存在"命令，在"可视化"中单击"未指定"，单击"从界面上选取"，选择"立即领券"后单击左键，在"属性"中更改"查找文本"为"立即领券"，更改"输出到"为"出现领券"，如图 8-29 所示。

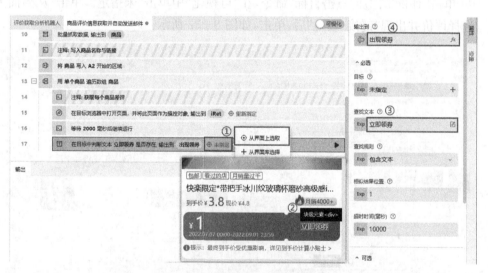

图 8-29 判断领券界面是否出现

⑤ 判断如果出现领券界面。

添加"如果条件成立"命令，在"属性"中更改"判断表达式"为"出现领券"，如图 8-30 所示。

图 8-30 添加"如果条件成立"命令

如果出现了领券界面,则添加"点击目标"命令,在"可视化"中单击"未指定",单击"从界面上选取",选择图像<ing>并单击左键,如图 8-31 所示。

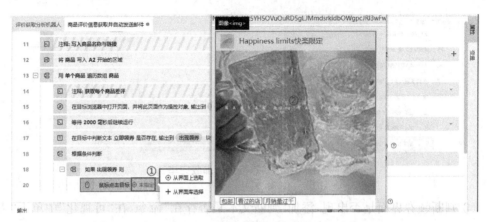

图 8-31 添加"点击目标"命令

⑥ 单击"评价",添加"点击目标"命令,在"可视化"中单击"未指定",单击"从界面上选取",选择评价并出现"链接<a>"后,单击,如图 8-32 所示。

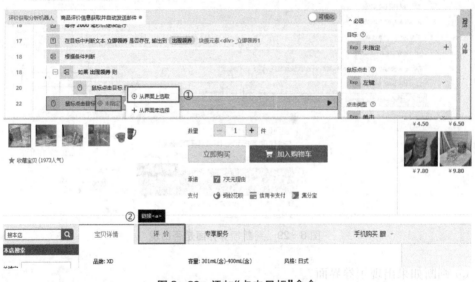

图 8-32 添加"点击目标"命令

⑦ 等待加载,添加"延时"命令,在属性中更改"延时(毫秒)"为"2000",如图 8-33 所示。

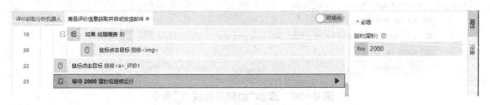

图 8-33 添加"延时"命令

⑧ 单击"差评",添加"设置元素勾选",在"可视化"中单击"未指定",单击"从界面上选取",选择"差评"并单击,如图8-34所示。

图8-34 添加"设置元素勾选"

⑨ 等待加载,添加"延时"命令,在"属性"中更改"延时(毫秒)"为"2000",如图8-15所示。

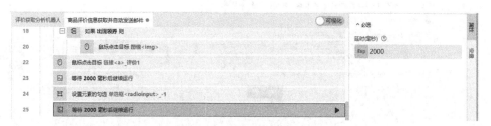

图8-35 添加"延时"命令

⑩ 判断差评是否隐藏,添加"判断文本是否存在"命令,在"可视化"中单击"未指定",单击"从界面上选取",选择"小二已经对您购买决策帮助不大的评论进行了折叠"并单击,在属性中更改"查找文本"为"小二已经对您购买决策帮助不大的评论进行了折叠",更改"输出到"为"出现折叠",如图8-36所示。

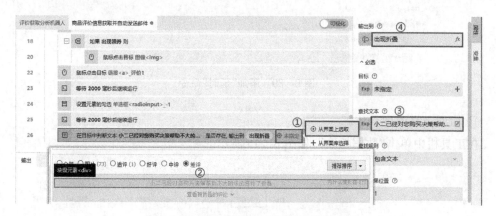

图8-36 添加"判断文本是否存在"命令

⑪ 判断是否出现折叠,添加"如果条件成立"命令,在"属性"中更改"判断表达式"为"出现折叠",如图 8 - 37 所示。

图 8 - 37 添加"如果条件成立"命令

⑫ 取消隐藏,添加"点击目标",在"可视化"中单击"未指定"单击"从界面上选取",选择查看被折叠的评论后单击左键,如图 8 - 38 所示。

图 8 - 38 添加"点击目标"命令

⑬ 等待加载,添加"延时"命令,在"属性"中更改"延时(毫秒)"为"2000",如图 8 - 39 所示。

图 8 - 39 添加"延时"命令

⑭ 抓取商品差评。

在工具栏中单击"数据抓取",如图 8 - 40 所示。

图 8 - 40 单击"数据抓取"

在"数据抓取"中单击"选择目标",如图 8-41 所示。

图 8-41　单击"选择目标"

获取商品名称,在网页中将鼠标移动至评价内容处,选择差评评价内容并显示"块级元素＜div＞"后,单击,如图 8-42 所示。

图 8-42　获取商品名称

再次选取目标,在"数据抓取"中单击"选择目标",如图 8-43 所示。

再次获取商品名称,在网页中将鼠标移动至另一个评价内容处,再次选择差评评价内容并显示"块级元素＜div＞"后,单击,如图 8-44 所示。

在选择抓取数据界面选择链接,在"数据抓取"中单击"确定",如图 8-45 所示。

在"数据抓取"中单击"下一步",如图 8-46 所示。

在"数据抓取"中单击"完成",如图 8-47 所示。

在"属性"中更改"输出到"为"差评",如图 8-48 所示。

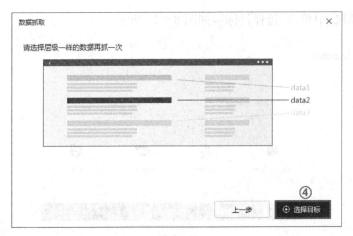

图 8-43 再次选取目标

图 8-44 再次获取商品名称

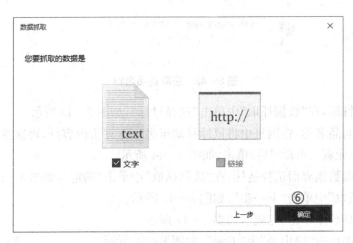

图 8-45 在"数据抓取"中单击"确定"

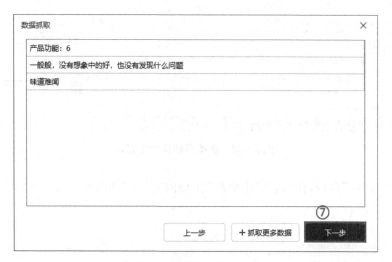

图8-46 单击"下一步"

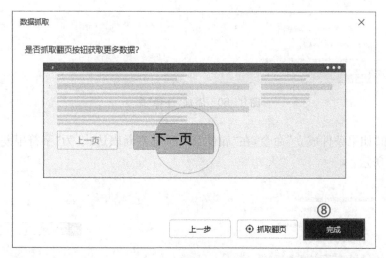

图8-47 单击"完成"

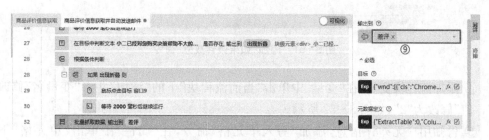

图8-48 在"属性"中更改

（2）填写商品差评信息。

① 将差评转换为字符串，添加"转为文字数据"命令，在"属性"中更改"输出到"为"字符串差评"，更改"转换对象"为"差评"，如图8-49所示。

图 8-49　将差评转换为字符串

② 添加"注释"命令,在"属性"中更改"注释内容"为"判断是否存在差评",如图 8-50 所示。

图 8-50　添加"注释"命令

③ 添加"如果条件成立"命令,在"属性"中更改"判断表达式"为"字符串差评＝"[]"",如图 8-51 所示。

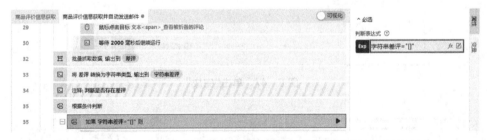

图 8-51　添加"如果条件成立"命令

④ 添加流程块变量,在"变量"中单击"当前流程块"下的"添加"并将"变量名"修改为"i","值"修改为"2",如图 8-52 所示。

⑤ 告知用户无差评信息,添加"写入单元格"命令,在"属性"中单击"单元格"下的"Exp",并填写""C"＆i",更改"数据"为"恭喜,该产品没有差评!",更改"立即保存"为"是",如图 8-53 所示。

⑥ 并凸显无差评数据,设置单元格颜色,添加"设置单元格颜色"命令,在"属性"中单击"单元格"下的"Exp",并填写""C"＆i",更改"颜色"为"[255,255,0]",更改"立即保存"为"是",如图 8-54 所示。

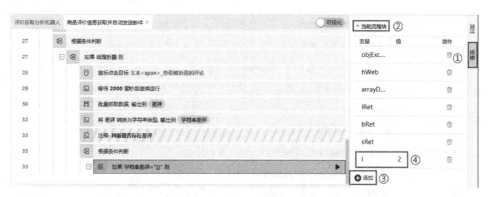

图 8-52 添加流程块变量

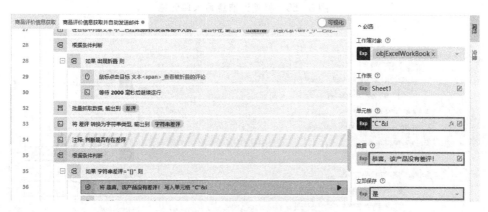

图 8-53 告知用户无差评信息

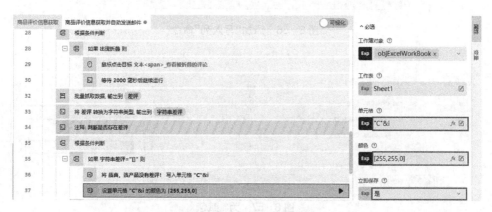

图 8-54 凸显无差评数据

⑦ 将差评信息写入单元格，添加"否则执行后续操作"命令，如图 8-55 所示。

⑧ 添加"写入列"命令，在"属性"中单击"单元格"下的"Exp"，并填写""C"&i"，更改"数据"为"差评"，更改"立即保存"为"是"，如图 8-56 所示。

⑨ 为 i 赋值，添加"变量赋值"命令，在"属性"中更改"变量名"为"i"，更改"变量值"为"i＋1"，如图 8-57 所示。

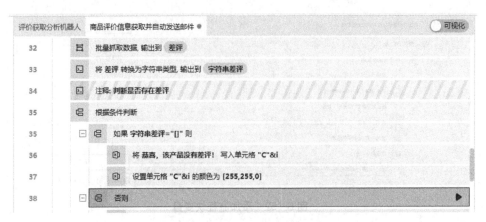

图 8-55 将差评信息写入单元格

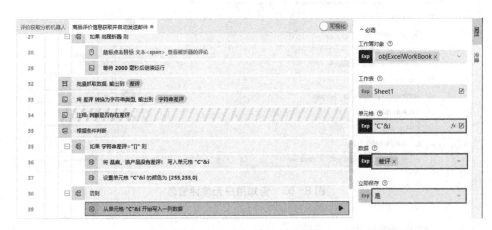

图 8-56 添加"写入列"命令

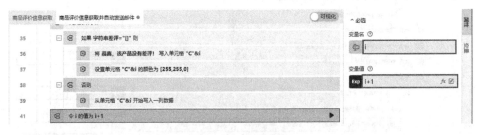

图 8-57 为 i 赋值

⑩ 关闭工作簿,添加"关闭 Excel 工作簿"命令,如图 8-58 所示。

⑪ 关闭网页,添加"关闭标签页"命令,如图 8-59 所示。

6)步骤 6:发送邮件

(1)添加"注释"命令,在"属性"中更改"注释内容"为"将评价汇总工作簿发送给负责人",如图 8-60 所示。

图 8-58 关闭工作簿

图 8-59 关闭网页

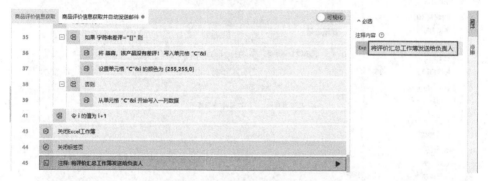

图 8-60 添加"注释"命令

（2）发送邮件。

① 弹出输入对话框，确认业务负责人邮箱，添加"输入对话框"命令，在"属性"中更改"输出到"为"业务负责人邮箱"，更改"消息内容"为"请输入业务负责人邮箱"，如图 8-61 所示。

② 配置邮箱。本案例涉及邮件发送功能，需先配置邮箱 SMTP。本案例以 QQ 邮箱配置为例，操作步骤如下：进入 QQ 邮箱，单击"设置"，选择"账户"，如图 8-62 所示；找到"POP3/IMAP/SMTP/Exchange/CardDAV/CalDAV 服务"，开启"IMAP/SMTP 服务"，如图 8-63 所示；根据要求发送短信后，单击"我已发送"，如图 8-64 所示；弹出授权码框（该授权码为 SMTP 邮箱密码），即邮箱 IMAP/SMTP 配置完成，单击"确定"，如图 8-65 所示。

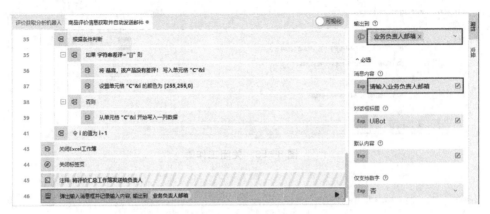

图 8-61　确认业务负责人邮箱

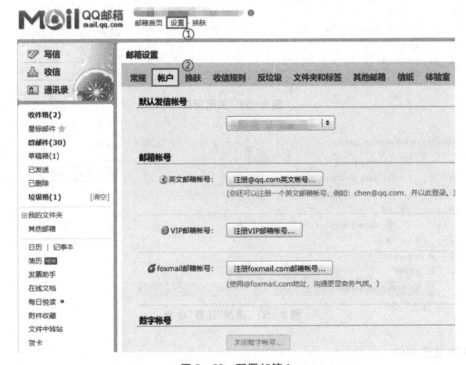

图 8-62　配置邮箱 1

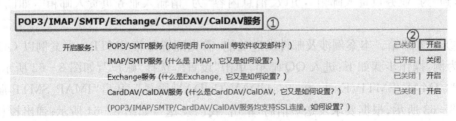

图 8-63　配置邮箱 2

图 8-64　配置邮箱 3

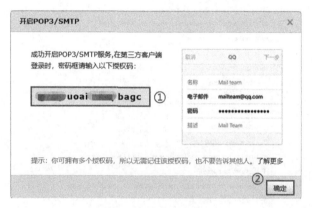

图 8-65　配置邮箱 4

③　添加"网络"下"SMTP/POP"下的"发送邮件"命令,在"属性"中更改如下设置(见图 8-66)。SMTP 服务器:smtp.qq.com;服务器端口:465;SSL 加密:是;登录账号:个人 QQ 邮箱账号;登录密码:个人邮箱授权码;发件人:个人 QQ 邮箱账号(与登录账号相同);收件人(Exp 蓝色状态下):业务负责人邮箱;邮件标题:TOP 十商品差评数据;邮件正文:

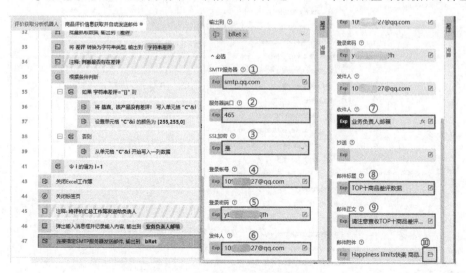

图 8-66　添加"发送邮件"命令

请注意查收 TOP 十商品差评数据附件信息；邮件附件：选择附件-"Happiness limits 快楽商品评价信息. xlsx"。

根据本条指令，机器人将"TOP 十商品差评数据"，以邮件的形式发送给业务负责人。

7）步骤 7：保存流程块

本流程块可视化代码全部完成，如图 8-67 所示。在当前流程开发界面，单击"保存"图标，保存本流程可视化代码。

图 8-67　保存流程块

2. 流程块:登录验证

单击"登录验证"流程块的编辑按钮,进入可视化代码开发界面,开始设置由机器人执行的指令。

1) 步骤 1:登入验证

① 无限循环登入验证。添加"无限循环执行操作"命令,如图 8-68 所示。

图 8-68　无限循环登入验证

② 判断是否需要登入,添加"判断元素是否存在"命令,在"可视化"中单击"未指定",单击"从界面上选取",选择"登录",在"属性"中更改"输出到"为"出现登录",如图 8-69 所示。

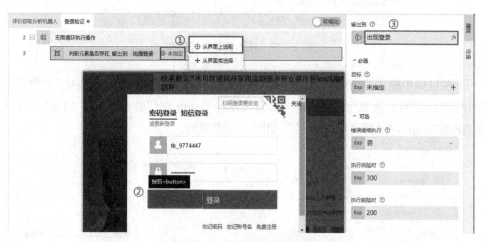

图 8-69　判断是否需要登入

③ 判断需要登入,添加"如果条件成立"命令,在"属性"中更改"判断表达式"为"出现登录",如图 8-70 所示。

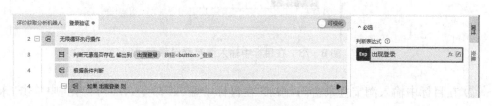

图 8-70　判断需要登入

④ 输入登录账号,添加"输入对话框"命令,在"属性"中更改"输出到"为"淘宝账号",更改"消息内容"为"请输入淘宝账号"。如图 8-71 所示。

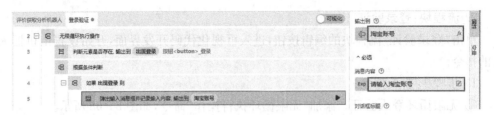

图 8-71 输入登录账号

⑤ 输入登录账号密码,添加"输入对话框"命令,在"属性"中更改"输出到"为"淘宝密码",更改"消息内容"为"请输入淘宝密码",如图 8-72 所示。

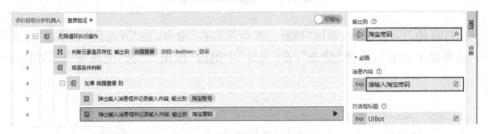

图 8-72 输入登录账号密码

⑥ 在目标中输入淘宝登录账号,添加"在目标中输入"命令,在"可视化"中单击"未指定",单击"从界面上选取",选择用户名"输入控件<input>"并单击,在"属性"中单击"单元格"下的"Exp",并填写"淘宝账号",如图 8-73 所示。

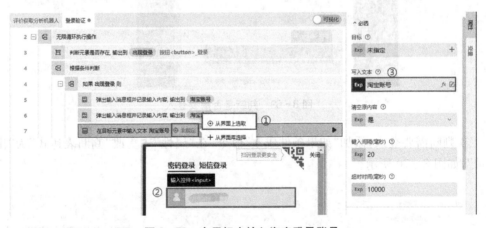

图 8-73 在目标中输入淘宝登录账号

⑦ 在目标中输入淘宝登录密码,添加"在目标中输入"命令,在"可视化"中单击"未指定",单击"从界面上选取",选择请输入登录密码"输入控件<input>"并单击,在"属性"中单击"单元格"下的"Exp",并填写"淘宝密码",如图 8-74 所示。

⑧ 完成输入后单击"登录",添加"点击目标"命令,在"可视化"中单击"未指定",单击"从界面上选取",选择"登录",如图 8-75 所示。

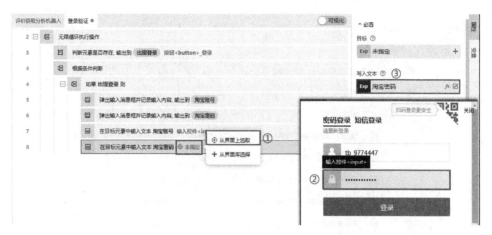

图8-74 在目标中输入淘宝登录密码

图8-75 完成输入后单击登录

⑨ 等待加载,添加"延时"命令,在"属性"中更改"延时(毫秒)"为"2000",如图8-76所示。

图8-76 等待加载

2) 步骤2:保存流程块

本流程块可视化代码全部完成,如图8-77所示。保存流程块,返回到流程图界面。单击"保存",保存本案例全部流程。

3. 流程块:滑块验证

单击"滑块验证"流程块的编辑按钮,进入可视化代码开发界面,开始设置由机器人执行的指令。

图 8-77　保存流程块

1) 步骤 1:滑块验证

① 无限循环登入验证。添加"无限循环执行操作"命令,如图 8-78 所示。

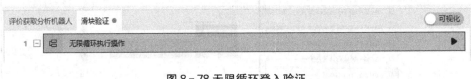

图 8-78 无限循环登入验证

② 判断是否需要滑动验证,添加"判断文本是否存在"命令,在"可视化"中单击"未指定",单击"从界面上选取",选择"通过验证以确保正常访问",在"属性"中更改"输出到"为"出现滑块",更改"查找文本"为"通过验证以确保正常访问",如图 8-79 所示。

图 8-79　判断是否需要滑动验证

③ 判断需要滑块验证，添加"如果条件成立"命令，在"属性"中更改"判断表达式"为"出现滑块"，如图8-80所示。

图8-80 判断需要滑块验证

④ 若出现滑块，则将鼠标移到滑块出发点。添加"移动到目标上"命令，在"可视化"中单击"未指定"，单击"从界面上选取"，选择滑块起点，如图8-81所示。

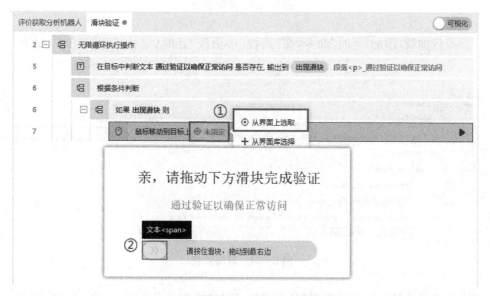

图8-81 将鼠标移到滑块出发点

⑤ 获取鼠标位置，添加"获取鼠标位置"命令，如图8-82所示。

图8-82 获取鼠标位置

⑥ 滑动滑块，添加"模拟拖动"命令，在"属性"中单击"起始横坐标"下的"Exp"，并填写"objPoint["x"]"，单击"起始纵坐标"下的"Exp"，并填写"objPoint["y"]"，单击"结束横

坐标"下的"Exp",并填写"objPoint["x"]＋1000",单击"结束纵坐标"下的"Exp",并填写"objPoint["y"]",如图 8－83 所示。

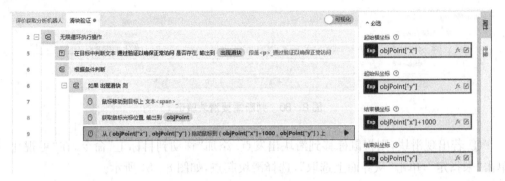

图 8－83 滑动滑块

⑦ 等待加载,添加"延时"命令,在"属性"中更改"延时(毫秒)"为"2000",如图 8－84 所示。

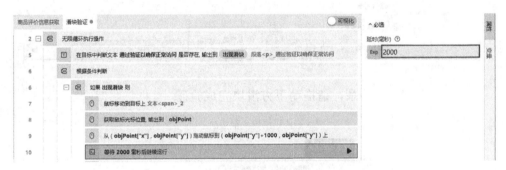

图 8－84 等待加载

⑧ 不管滑块是否验证失败,都单击刷新,添加"模拟点击"命令,如图 8－85 所示。

图 8－85 单击刷新

⑨ 等待加载,添加"延时"命令,如图 8－86 所示。

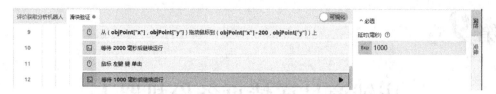

图 8-86 等待加载

2）步骤 2：保存流程块

本流程块可视化代码全部完成后（见图 8-87），保存流程块，返回到流程图界面。单击"保存"，保存本案例全部流程。

图 8-87 保存流程块

第**9**章

店铺商品详情页备份机器人

随着电商业务的快速发展,商品信息的及时备份变得尤为重要。本节将探讨如何通过 RPA 技术自动化地备份店铺商品的详情页,包括图片和文字信息。自动化流程将涵盖从电商平台登录、导航到特定商品页面、下载商品相关的所有视觉素材,以及将这些素材按照既定规则进行存储和命名。通过实施这一自动化方案,可以显著提升信息备份的效率和准确性,减少人工干预,确保在商品更新或下架时能够快速恢复完整信息,为后续的数据分析和营销策略提供支持。

9.1 业务场景

实习生小王来到某综合型运营部门实习。作为运营助理,小王的一项主要工作,就是商品的上下架,以及商品详情页等信息的备份。除了整体商品数据信息,小王还需要在商品上架后,对多个商品的上架详情页图片等信息进行汇总保存。而综合性商城中相当一部分信息直接来源于供应商,海量图片的下载与整理让小王感到头痛不已。

因此,小王积极开动脑筋,针对下载图片信息重复操纵、耗费时间的这一问题,充分挖掘业务需求难点,发挥 RPA 的优势,提出了自己的先进想法。

小王:"刘主管,在对已上架商品进行备份时,由于我们的商品详情图主要来源于第三方,所以总是需要进行下载、整理等工作,这个过程步骤清晰,RPA 机器人能实现吗?"

刘主管:"这个过程确实耗时耗力,但是我们又不可避免地需要备份商品信息,说说你打算怎么做呢?"

小王:"我们获取商品图片信息,主要是用于备份总结,所以不仅要完成下载的动作,还要对下载后的文件进行整理。我们可以设置下载步骤,这一过程比较清晰直接,然后按照商品名称创建文件夹,将下载的图片对应放入不同的商品文件夹,并为下载后的图片顺序编辑名称。"

刘主管:"嗯,听起来目标明确,过程也很清晰,你可以大胆去尝试!"

小王:"嗯嗯,好的,我这就开始尝试"。

刘主管:"这样,你先从店铺某一品类的几种商品开始,抓取商品主图及详情页,进行'需求分析',我们来判断可行性,程序员们才可以开发哦,当然,之前几次开发你都做的很不错,RPA 又比较好上手,你也可以自己动起手来哦!"

9.2　需求分析

在电商运营中,商品详情页的信息备份是一项重要的工作,它涉及商品图片、描述等关键信息的保存。本项目的主要需求在于利用 RPA 技术自动化地完成商品详情页的备份工作,包括自动登录电商平台、获取商品信息、下载图片以及整理文件。这一流程将提高备份效率,减少人工操作,确保信息的完整性和准确性。

1. 业务流程概述

我们在这里利用 RPA 机器人对下载店铺的图片信息这一过程做重点分析。首先,选定要获取商品详情页等图片信息的商品,然后按照商品名称创建文件夹。之后店铺运营专员获取某一商品的主图、详情页,存入对应的商品文件夹,并重新编辑图片名称,如图 9 - 1 所示。

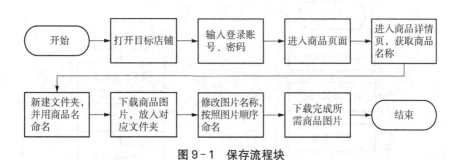

图 9 - 1　保存流程块

2. 业务操作步骤

具体操作步骤如表 9 - 1 所示。

表 9 - 1　业务操作

序号	步骤	详细描述
1	打开目标店铺	打开要备份的平台店铺
2	登录账号、密码	登录某电商平台账号密码
3	单击进入商品页面	单击进入商品页面
4	进入商品详情页,获取商品名称	获取产品名称
5	新建文件夹,并用前述步骤获取的商品名称命名	新建商品文件夹,并用商品名称命名
6	下载商品图片,放入对应文件夹	下载该商品主图及详情页图片,并存入前述步骤新建的商品文件夹
7	修改图片名称,按照图片顺序命名	将图片按照顺序从"1"开始编号命名
8	下载完成所需商品图片	下载图片

3. 业务痛点

作为店铺运营中的重要环节,商品信息的备份是为运营提供总结复盘,运营改进的有利工具,在当前电商运营环境中,供应商与店铺经营之间合作快速便捷,但在运营中过分依赖供应商基本素材则显得十分局限,因此,利用 RPA 自动化流程机器人充分获取,及时备份商品信息,是为店铺重点分析自身优势,集中做好店铺自身提升的极好帮手。

9.3 设计思路

根据前述需求分析,设计开发"店铺商品详情页备份"机器人。本案例设计思路和开发流程如图 9-2、图 9-3、图 9-4、图 9-5 所示。

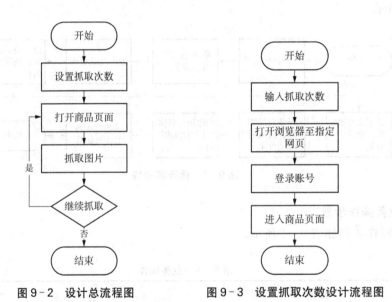

图 9-2 设计总流程图　　　　图 9-3 设置抓取次数设计流程图

本案例的执行步骤及其涉及的命令如表 9-2、表 9-3、表 9-4 所示。

表 9-2 设置抓取次数的执行步骤及命令

序号	流程描述	命令名称
1	输入抓取次数	输入对话框、转为整数数据
2	打开浏览器至指定网页	启动新的浏览器、更改窗口显示状态、等待网页加载
3	登录账号	点击目标、输入对话框、在目标中输入、模拟按键
4	进入手机商品页面	点击目标、等待网页加载

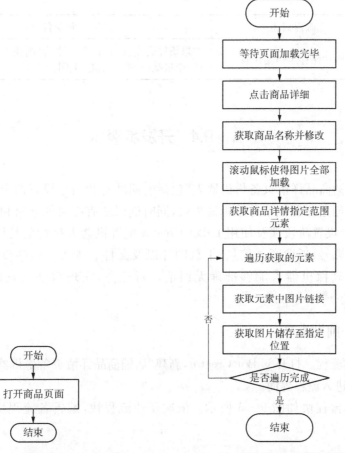

图9-4　打开商品页面设计流程图　　　　图9-5　抓取图片设计流程图

表9-3　打开商品页面的执行步骤及命令

流程描述	命令名称
打开商品页面	点击目标

表9-4　抓取图片的执行步骤及命令

序号	流程描述	命令名称
1	等待页面加载完毕	等待网页加载
2	单击商品详情	模拟滚动、点击目标
3	获取商品名称并修改	获取文本、替换字符串
4	滑动鼠标加载全部图片	创建文件夹、移动到目标上、模拟点击、模拟移动
5	获取商品详情指定范围元素	获取子元素
6	遍历商品信息	依次读取数组中每个元素
	获取元素中图片链接	获取元素属性

（续表）

序号	流程描述	命令名称
	获取图片储存至指定位置	如果条件成立、Get 下载文件、否则执行后续操作、继续循环、变量赋值、模拟点击、关闭标签页

9.4　开发步骤

开发"店铺商品详情页备份机器人"包括前期准备和指令设置两个步骤。在前期准备阶段，需要创建流程框架并编辑流程块，同时确保所有必要的素材和数据文件已经准备就绪。指令设置阶段涉及使用 UiBot Creator 配置机器人执行的具体指令，包括打开浏览器、登录账号、抓取商品信息、下载图片以及文件管理等。这些步骤需要精确的规划和设置，以确保机器人能够准确无误地执行任务，实现自动化备份商品详情页的目标。

9.4.1　前期准备

（1）新建流程。打开 UiBot Creator，新建"店铺商品详情页备份机器人"流程，新建完成，系统自动进入流程界面。

（2）编辑流程块如图 9 - 6 所示。依次新建流程块，编辑各流程块基本信息，保存文件。

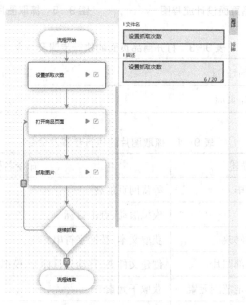

图 9 - 6　编辑流程块

9.4.2　指令设置

1. 流程块1:设置抓取次数

打开 UiBot Creator,进入"店铺商品详情页备份机器人"流程界面,单击"设置抓取次数"流程块的编辑按钮,进入可视化代码开发界面,开始设置由机器人执行的指令。

1) 步骤1:输入抓取次数

(1) 输入抓取次数。添加"输入对话框"命令,在"属性"中更改"输出到"为"抓取商品次数",更改"消息内容"为"请输入需要抓取的商品数量",更改"仅支持数字"为"是",如图9-7所示。

图9-7　输入抓取次数

(2) 将用户输入的数据转为整数。添加"转为整数数据"命令,在"属性"中更改"输出到"为"抓取商品次数",更改"转换对象"为"抓取商品次数",如图9-8所示。

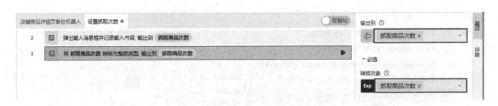

图9-8　将用户输入的数据转为整数

2) 步骤2:打开浏览器至指定网页

(1) 打开某品牌官方旗舰店。添加"启动新的浏览器"命令,在"属性"中更改"输出到"为"g_hWeb",更改"浏览器类型"为"Google Chrome",更改"打开链接"为"https://huaweistore.tmall.com/",如图9-9所示。

(2) 将网页最大化。添加"更改窗口显示状态"命令,在"可视化"中单击"未指定",单击"从界面上选取",单击"指定网页",在"属性"中更改"显示状态"为"最大化",如图9-10所示。

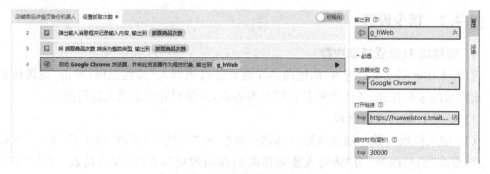

图 9-9　打开某品牌官方旗舰店

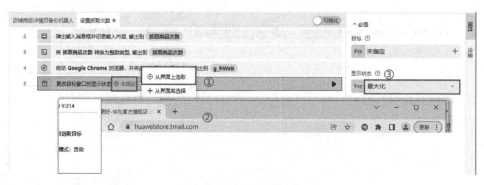

图 9-10　将网页最大化

（3）等待网页缓存出现目标。添加"等待网页加载"命令，在"可视化"中单击"重新指定"，单击"从界面上选取"，进入官方旗舰店网页，选择标题块级元素并单击，在"属性"中更改"浏览器对象"为"g_hWeb"，如图 9-11 所示。

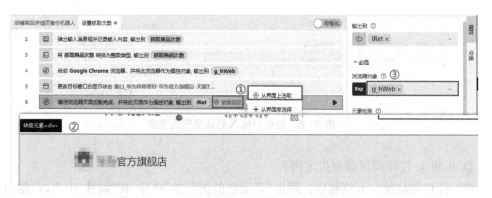

图 9-11　等待网页缓存出现目标

3）步骤 3：登录账号

（1）进入网页登录界面。添加"点击目标"命令，在"可视化"中单击"未指定"，单击"从界面上选取"，进入网页后选择"请登录"并单击，如图 9-12 所示。

图9-12　进入网页登录界面

（2）弹框使用户输入登录账号。添加"输入对话框"命令，在"属性"中更改"输出到"为"登录账号"，更改"消息内容"为"请输入登录账号"，如图9-13所示。

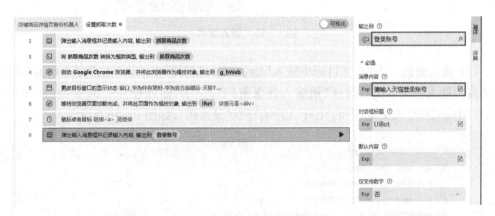

图9-13　弹框使用户输入登录账号

（3）弹框使用户输入登录密码。添加"输入对话框"命令，在"属性"中更改"输出到"为"登录密码"，更改"消息内容"为"请输入登录密码"，如图9-14所示。

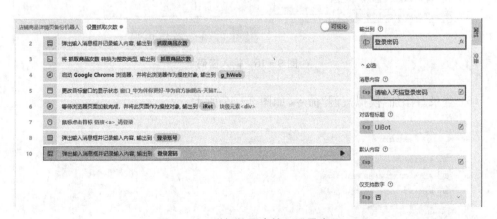

图9-14　弹框使用户输入登录密码

（4）输入账号。添加"在目标中输入"命令，在"可视化"中单击"未指定"，单击"从界面上选取"，进入登录界面后选择"账户名/邮箱/手机号"，显示"输入控件＜input＞"后单击，在"属性"中单击"写入文本"下的"Exp"，并填写"登录账号"，如图 9-15 所示。

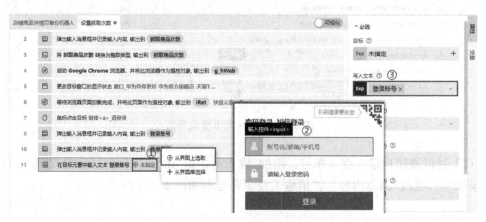

图 9-15　输入账号

（5）输入密码。添加"在目标中输入"命令，在"可视化"中单击"未指定"，单击"从界面上选取"，进入登录界面后选择"请输入登录密码"，显示"输入控件＜input＞"后单击，在"属性"中单击"写入文本"下的"Exp"，并填写"登录密码"，如图 9-16 所示。

图 9-16　输入密码

（6）登录。添加"模拟按键"命令，如图 9-17 所示。

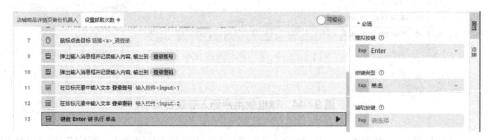

图 9-17　登录

4) 步骤 4:进入商品页面

(1) 单击进入商品页面。添加"点击目标"命令,在"可视化"中单击"未指定",单击"从界面上选取",进入网页后选择"手机",显示"链接<a>"后单击,如图 9-18 所示。

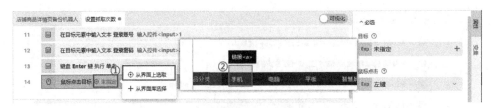

图 9-18　单击进入手机商品页面

(2) 等待所有手机商品加载完成。添加"等待网页加载"命令,在"可视化"中单击"未指定",单击"从界面上选取",进入所有商品界面,选中指定块级元素并单击,在"属性"中更改"浏览器对象"为"g_hWeb",如图 9-19 所示。

图 9-19　等待所有手机商品加载完成

(3) 方便各流程块共用读取到的信息,需添加本流程的全局变量。完成流程块 1 的命令编辑后,保存并返回到流程主界面,单击"变量"图标,单击"添加",按照表 9-4 添加本流程块全局变量。需要注意的是,变量的值都是英文半角格式的。

表 9-5　设置全部变量

序号	变量名	使用方向	值
1	抓取商品次数	无	""
2	g_hWeb	无	""

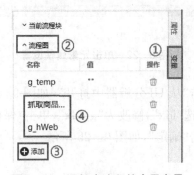

图 9-20　添加本流程的全局变量

5）步骤5：保存流程块

本流程块可视化代码全部完成，如图9-21所示。在当前流程开发界面，单击"保存"图标，保存本流程可视化代码。

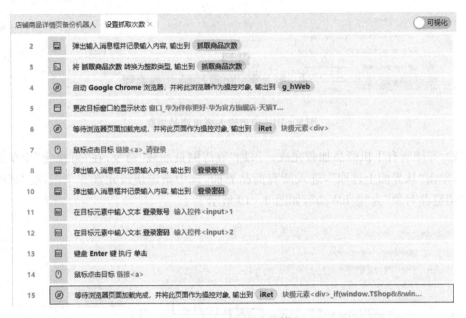

图9-21　保存流程块

2. 流程块2：打开商品页面

单击"打开商品页面"流程块的编辑按钮，进入可视化代码开发界面，开始设置由机器人执行的指令。

1）步骤1：单击进入商品页面

（1）添加"点击目标"命令，在"可视化"中单击"未指定"，单击"从界面上选取"，进入指定网页，等待产品选中并出现"列表详情＜dl＞"后单击。

（2）属性值修改

① 单击"属性"中"目标"下的元素属性设置，如图9-22所示。

图9-22　单击元素属性设置

② 在"目标编辑"中单击"从UI分析器中打开"，如图9-23所示。

③ 在"UI分析器"中勾选"idx"，修改为"g_idx"，单击"保存"，如图9-24所示。

④ 在"目标编辑"中单击"确定"，如图9-25所示。

图 9‐23　单击"从 UI 分析器中打开"

图 9‐24　在"UI 分析器"中勾选

（3）方便各流程块共用读取到的信息，需添加本流程的全局变量，如图 9‐26 所示。完成流程块 2 的命令编辑后，保存并返回到流程主界面，单击"变量"图标，单击"添加"，按照表 9‐5 添加本流程块全局变量。需要注意的是，变量的值都为英文半角格式的。

表 9‐6　设置全部变量

序号	变量名	使用方向	值
1	g_idx	无	0

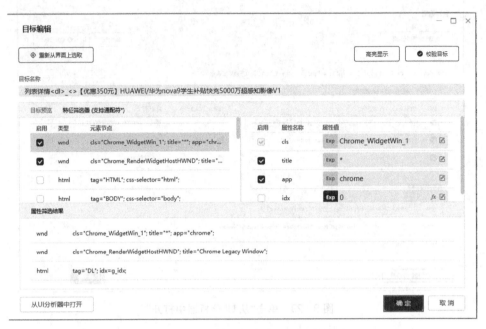

图 9-25　单击"确定"

图 9-26　添加本流程的全局变量

2）步骤 2：保存流程块

本流程块可视化代码全部完成后（见图 9-27），保存流程块，返回到流程图界面。单击"保存"，保存本案例全部流程。

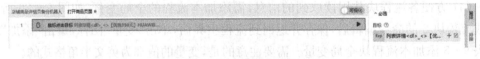

图 9-27　保存流程块

3. 流程块 3：抓取图片

单击"抓取图片"流程块的编辑按钮，进入可视化代码开发界面，开始设置由机器人执行的指令。

1) 步骤 1：等待页面加载完毕

等待商品界面缓存。添加"等待网页加载"命令，在"可视化"中单击"重新指定"，单击"从界面上选取"，进入指定网页，选中"块级元素<div>"后单击，在"属性"中更改"浏览器对象"为"g_hWeb"。

2) 步骤 2：单击商品详情

（1）滚动鼠标，加载页面。添加"模拟滚轮"命令，在"属性"中更改"滚动次数"为"4"，如图 9-28 所示。

图 9-28　滚动鼠标，加载页面

（2）单击商品详情。添加"点击目标"命令，在"可视化"中单击"未指定"，单击"从界面上选取"，进入网页，选中商品详情并出现"链接<a>"后单击，如图 9-29 所示。

图 9-29　单击商品详情

3) 步骤 3：获取商品名称并修改

（1）获取商品名称。添加"获取文本"命令，在"可视化"中单击"未指定"，单击"从界面上选取"，进入商品详情界面，选中产品名称，并出现"列表项<li>"后单击，在"属性"中更改"输出到"为"产品名称"，如图 9-30 所示。

（2）清洗名称中的"产品名称："字符串。添加"替换字符串"命令，在"属性"中单击"目标字符串"的"Exp"，输入"产品名称"，更改"查找内容"为"产品名称："，更改"输出到"为"产品名称"，如图 9-31 所示。

（3）替换名称中的"/"字符串。添加"替换字符串"命令，在"属性"中单击"目标字符串"的"Exp"，输入"产品名称"，更改"查找内容"为"/"，更改"替换内容"为"一"，更改"输出

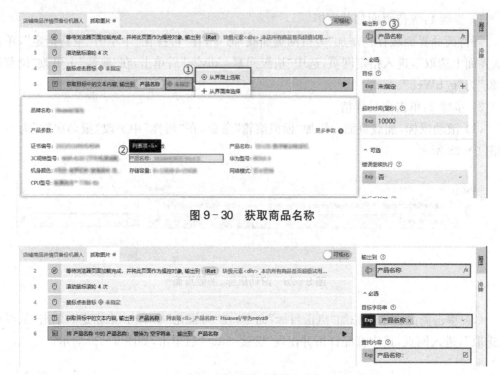

图9-30　获取商品名称

图9-31　清洗名称中的"产品名称:"字符串

到"为"产品名称",如图 9-32 所示。

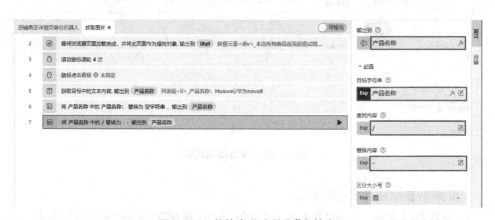

图9-32　替换名称中的"/"字符串

4) 步骤 4:滑动鼠标使得图片全部加载出现

(1) 创建储存文件夹。添加"创建文件夹"命令,在"属性"中单击"路径"的"Exp",输入"@res"" & 产品名称",如图 9-33 所示。

(2) 将鼠标移动至指定位置。添加"移动到目标上"命令,在"可视化"中单击"未指定",单击"从界面上选取",进入网页选中"反馈",并出现"块级元素<div>"后单击,在"属性"中更改"光标位置"为"左下角",更改"横坐标偏移"为"-50",如图 9-34。

图9-33 创建储存文件夹

图9-34 将鼠标移动至指定位置

(3) 单击鼠标中键。添加"点击目标"命令,在"属性"中更改"鼠标单击"为"中键",如图9-35所示。

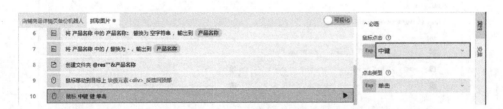

图9-35 单击鼠标中键

(4) 鼠标向下移动。添加"模拟移动"命令,在"属性"中更改"纵坐标"为"130",更改"相对移动"为"是",如图9-36所示。

5) 步骤5:获取商品详情指定范围元素

(1) 添加"获取子元素"命令,在"可视化"中单击"未指定",单击"从界面上选取",进入商品详情页后选择下方图片中的"块级元素<div>"后单击,在"属性"中更改"子元素层级"为"2",如图9-37所示。

图 9-36 鼠标向下移动

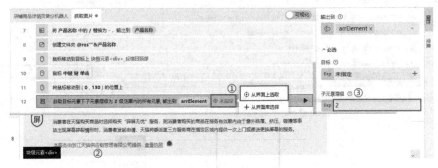

图 9-37 添加"获取子元素"命令

（2）属性值修改。

① 单击"属性"中"目标"下的元素属性设置。在"目标编辑"中单击"从 UI 分析器中打开"，如图 9-38 所示。

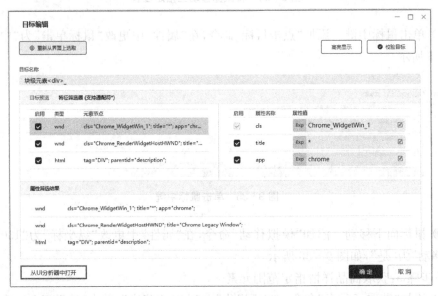

图 9-38 单击"从 UI 分析器中打开"

② 在"UI 分析器"中勾选"aaname"，修改为" * "，勾选"css-selector"，修改为"body＞div＞div＞div＞div＞div＞div＞div＞div * "，单击"保存"，如图 9-39 所示。

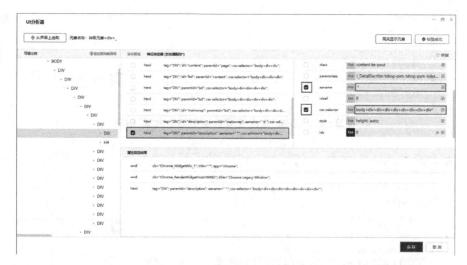

图 9-39　在"UI 分析器"中修改

③ 在"目标编辑"中单击"确定",如图 9-40 所示。

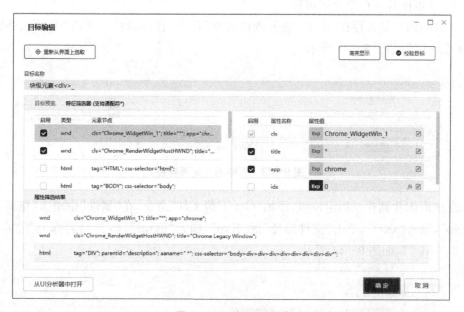

图 9-40　单击"确定"

6) 步骤 6:遍历商品信息

添加"依次读取数组中每个元素"命令,在"属性"中更改"数组"为"arrElement",如图 9-41 所示。

(1) 获取元素中图片链接。

添加"获取元素属性"命令,在"属性"中单击"目标"的"Exp",输入"value",更改"属性名"为"src",如图 9-42 所示。

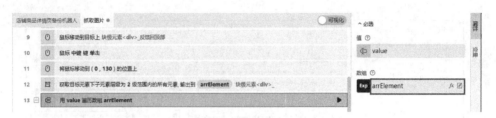

图 9-41 添加"依次读取数组中每个元素"命令

图 9-42 添加"获取元素属性"命令

（2）获取图片储存至指定位置。

① 判断图片是否存在，添加"如果条件成立"命令，在"属性"中更改"判断表达式"为"sRet<> """，如图 9-43 所示。

图 9-43 判断图片是否存在

② 获取图片储存至指定位置，添加"Get 下载文件"命令，在"属性"中单击"链接地址"的"Exp"，输入"sRet"，单击"文件路径"的"Exp"，输入"@res""& 产品名称 &""/""& 图片序号 &".jpg""，如图 9-44 所示。

图 9-44 获取图片储存至指定位置

③ 添加流程块变量，在"变量"中单击当前流程块下的"添加"，并将"变量名"修改为"图片序号"，"值"修改为"1"，如图 9-45 所示。

图9-45 添加流程块变量

④ 如果图片不存在，添加"否则执行后续操作"命令，如图9-46所示。

图9-46 如果图片不存在

⑤ 重新开始查找图片并下载，添加"继续循环"命令，如图9-47所示。

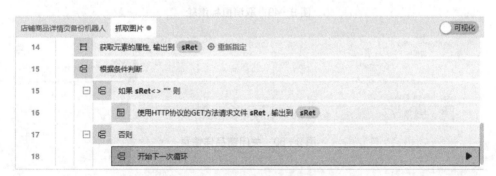

图9-47 重新开始查找图片并下载

⑥ 令图片序号增加，添加"变量赋值"命令，在"属性"中更改"变量名"为"图片序号"，更改"变量值"为"图片序号＋1"，如图9-48所示。

⑦ 取消鼠标滚轮，添加"模拟单击"命令，如图9-49所示。

⑧ 关闭商品详情页，添加"关闭标签页"命令，在"属性"中更改"浏览器对象"为"g_hWeb"，如图9-50所示。

⑨ 赋值目标属性中的变量值，添加"变量赋值"命令，在"属性"中更改"变量名"为"g_idx"，更改"变量值"为"g_idx＋1"，如图9-51所示。

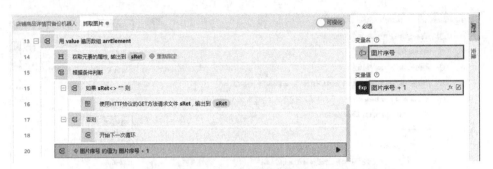

图 9-48　令图片序号增加

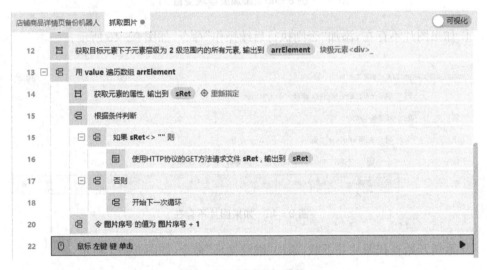

图 9-49　取消鼠标滚轮

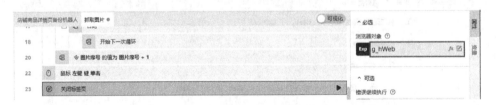

图 9-50　关闭商品详情页

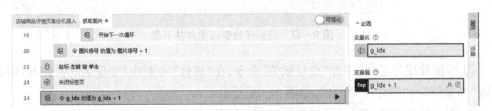

图 9-51　赋值目标属性中的变量值

7) 步骤 7：保存流程块

本流程块可视化代码全部完成后（见图 9-52），在当前流程开发界面，单击"保存"图标，保存本流程可视化代码。

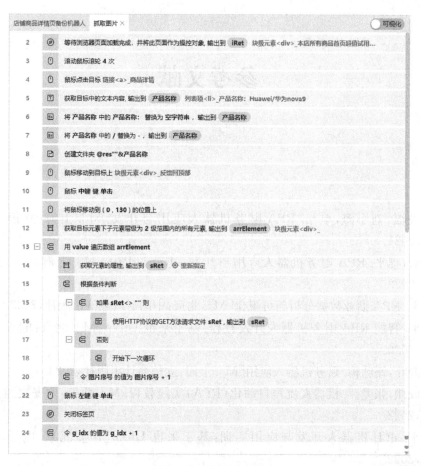

图 9-52　保存流程块

单击"继续抓取"判断块，在"属性"中更改条件表达式为"g_idx＜抓取商品次数"如图 9-53 所示。

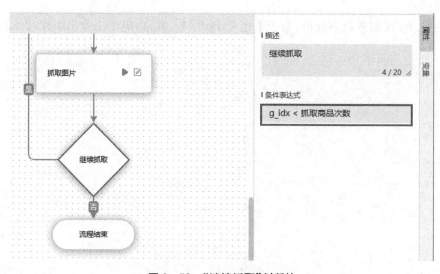

图 9-53　"继续抓取"判断块

参考文献

［1］张兴福，刘小海，单松. RPA 财务机器人应用与开发［M］. 上海：立信会计出版社，2024.

［2］王浩，程平. RPA 财务机器人应用与开发：基于 UiPath［M］. 上海：立信会计出版社，2023.

［3］程平. RPA 商业数据分析与可视化［M］. 北京：中国财政经济出版社，2023.

［4］程平. 智能 RPA 财务机器人开发教程：基于来也 UiBot［M］. 北京：电子工业出版社，2020.

［5］刘舒叶，谢咏梅. 财务机器人应用［M］. 上海：立信会计出版社，2023.

［6］李成渊，张爱萍. 机器人流程自动化（RPA）实践教程［M］. 西安：西安交通大学出版社，2022.

［7］程平. 审计机器人开发与应用实训：基于来也 UiBot［M］. 北京：电子工业出版社，2022.

［8］程平. RPA 审计机器人开发教程：基于来也 UiBot［M］. 北京：电子工业出版社，2021.

［9］石跃军. 政务机器人：RPA 的政务应用［M］. 北京：知识产权出版社有限责任公司，2020.

［10］程平. RPA 财务数据分析：基于来也 UiBot［M］. 北京：电子工业出版社，2023.